“茅舍槿篱溪曲”

“门外春波荡绿”

踏上回归精神故里寻古探幽的旅程，

感受乡土的温暖与润泽，

体味精神家园的馨香。

国家出版基金项目
NATIONAL PUBLICATION FOUNDATION

“十三五”
国家重点图书
出版规划项目

中国民间文化遗产抢救工程
THE PROJECT TO CHINESE FOLK CULTURAL HERITAGES

中国历史文化名城·名镇·名村丛书

中國歷史文化名城

河北承德

中国民间文艺家协会 / 组织编写

总主编 / 潘鲁生　邱运华

本卷主编 / 刘　贤

知识产权出版社
全国百佳图书出版单位
—北京—

《中国历史文化名城·河北承德》
编委会

中国民间文化遗产抢救工程
THE PROJECT TO CHINESE FOLK CULTURAL HERITAGES

积聚海量信息 寻觅科学路径（序一）

邱运华

传统村落保护是当下中国文化遗产保护工作中最重要的社会性课题之一。对于一个具有绵延五千年不间断农业文明的民族来说，传统村落能否得到妥善保护更是一个文明能否传承的关键问题。

传统村落保护是当代社会发展的普遍问题，不独中国社会存在，西方发达国家存在，东方发达国家也存在。从世界范围看，这是一个国家从欠发达到发达、从农业社会过渡到工业社会、从以农村为主体发展到城镇化生活方式过程中普遍存在的问题。有学者把中国农村经济结构改造、社群建设、新文化建设和整体民生改善工作这一进程，追溯到 20 世纪 50 年代。但我以为，它毕竟不是我们现在所处的整体转向工业化、城市化进程中遇到的课题。中国社会同一性质的乡村保护课题，起源还是世纪之交的 2003 年 2 月 18 日“中国民间文化遗产抢救工程”。2012 年 12 月 12 日，住房和城乡建设部、文化部、财政部联合发布《关于加强传统村落保护发展工作的指导意见》，2014 年 4 月 25 日，除上述三部外又增加了国家文物局，联合发布《关于切实加强中国传统村落保护的指导意见》，两次重申传统村落保护的联合行动。冯骥才先生在 2012 年的一篇文章里把传统村落保护提高到文明传承的高度，我认为非常正确。中国社会各界对传统乡村保护的问题，有着非常积极的呼应。

中国是发展中国家，但是从东部、南部和东南部区域看，具有发达国家的某些特征。农村人口从西部向东部、从村落向城镇转移，是1990—2010年最重要的社会现象，这一巨大的人口变迁集中表现为城镇人口急速膨胀、传统村落急速空心化，不少历史悠久的自然村落仅仅剩下老人和儿童。因此，传统村落的保护在中国面临的问题，与发达国家相比，具有共同性。例如，从“二战”后恢复到工业化时期，德国和日本先后进行的村落更新或改造项目具有几个明显特征：一是以激发村落内部活力、发展农村经济作为前提，以改造农村基本生活设施作为基础展开；二是村落更新或再造项目以土地管理法令的再研究作为保障；三是建立了学术界论证、公布更新或再造规划、政府支持的财政额度及投入指向、个性化改造方案与村民意愿表达的有效沟通机制，有效保护村落历史文化、自然风景、公共空间与私人空间等要素。综合来看，先行的国家特别注重传统村落的“民间日常生活”保存问题。

所谓“民间日常生活”的具体含义是什么？乃指传统村落村民群体的方言、交往方式、经济生产活动、衣食住行、生老病死、教育、节日活动、传统风俗、民间信仰活动以及区域性的传统手工艺活动等，以及上述种种的精神性、思想性、文化性、艺术性和物质性表现形态。长期以来，中国传统村落之所以成为民族文化的保留者和传承平台，核心在于保存着这个民间日常生活，它的内容和方式，在民间日常生活的基础上，方可承载不同样式、层次的民族文化。

之所以在这里提出将“民间日常生活”作为传统村落的文化基础问题，乃是因为看到目前对待传统村落的两种观点具有一定的欺骗性，并不同程度地主宰和误导了传统村落的基本价值指向。一种是浪漫主义传统村落观，一种是商业主义传统村落观。浪漫主义传统村落观把传统村落理想化、浪漫化，仿佛传统村落是用来怀旧的，象征着一切美好的自然与人类的和谐，田园风光，日出而作，日落而息，男耕女织，像是《桃花源记》里的武陵源，“不知有汉，无论魏晋”。但是，这不是民间日常生活；民间日常生活还包含在落后生产力条件下的温饱之苦、辛劳之苦，是传统村落里百姓的生活常态；生产关系之阶级阶层压迫、政治强权和无权地位，以及在自然面前束手无策，在兵灾、匪患和种种欺男霸女面前的悲惨状态，甚至中华人民共和国成立以来出现过的政治压迫、思想禁锢和社会运动之灾，是乡村浪漫主义者无法想象的，而这，就是大多数传统村落的民间日常生活。文人雅士，在欣赏田园风光和依依炊烟之时，能否探入茅舍，去看看灶台、铁锅和橱柜，去看看大量农夫、农妇的身影，他们是否仍然饥饿、寒冷？或者他们的孩子是在劳作还是就学？商业主义传统村落观呢，则直接把传统村落改造成伪古典主义的模板，打造成千篇一律的青砖瓦房，虚构出一系列英雄史诗和骑士传奇，或者才子佳人和神异仙境的故事，两者相嫁接，转化为商业价值或者政绩价值，成为行政或市场兜售的噱头，这一行为成为当下传统村落“保护”的常态。这两种传统村落观，一个共同的特点是把村落与民间日常生活相割裂，抹杀了民间日常生活在传统村落里的价值基础，从而，也直接把世世代代生活于这一场景中的村民赶出村落，嫌他们碍事，妨碍了我们的浪漫主义和商业主义梦想；他们不在场，我们可以肆意妄为地文化狂欢。那些在民间日常生活中久存的精神性的、思想性的、文化性的、艺术性的符号，均不在话下。但是，假如村民不在场，社群活力不再，传统村落如何是活态的呢？西方哲学有一个时髦术语，叫作“主体缺失”，因为主体缺失，因而话语狂欢。

关注传统村落的村民，无疑是中国传统村落保护的第一要素。但恰好是人这第一要素导致了传统村落的凋敝和乡愁的产生。

1990—2010 年这二十年，一些区域传统村落里村民流动性的增强，特别是青壮年村民向东部、东南部和南部沿海地区季节性的流动，极大地影响了这些区域传统村落民间日常生活的展开，减弱了传统村落的社群活力，也相应减少了传统文化活动的开展。这样，构成传统村落民间日常生活的内容慢慢演变成淡黄色、苍白色，成为一种模糊记忆，抑或转化为一年一度的春节狂欢，最后，演变定格成为日常性质的乡愁。民间日常生活不再完整地体现在现在乡村生活之中。那个完整的民间日常生活，在我们不得不离开它的土壤之后，便蜕变为乡愁。乡愁这只蝴蝶的卵，就是民间日常生活。而伴随着乡愁这只蝴蝶而出现的，却是一个个村落日常生活不断凋敝、慢慢消失。乡愁成为我们必须抓住的蝴蝶，否则，我们的家乡便消失在块垒和空气之中，我们千百年创造的文化便无所依凭。然而，据统计，在进入 21 世纪（2000 年）时，我国自然村总数为 363 万个；到了 2010 年，仅仅过去十年，自然村总数锐减为 271 万个。十年内减少约 90 万个。若是按照这个速度发展下去，三年、五年之后，我们的传统村落便无踪无影了。也就是说，出生和成长在这些村落而现在散居在世界各地的人们，将无以寄托他们的乡愁。若是其中有的村落有几百年、上千年甚至更久远的历史呢？若是其中有的村落有着华夏一个独特姓氏、家族、信仰和其他各种人文景观等等呢？

越来越多的学者开始从事传统乡村保护的研究工作，例如《人民日报》2016 年 10 月 27 日发表了《老宅、流转、新生》为题的介绍黄山市探索古民居保护新机制的文章，还配发了题为《古民居保护，避免“书生意气”》的评论；《中国文化报》2016 年 10 月 29 日发表了题为《同乡村主人一起读懂文化传承》的文章，提出了“新乡村主义”的概念，在它的题目之下，包含有乡村治理、乡村重建和乡村产业化的多功能孵化等内容。为此，文章提出了“政府制定政策方向、标准化编列预算，聘请专家团队和 NGO 组织，进行顶层设计、人才培育、产业孵化和公共服务”四项基本措施，还配发了《莫让古民居保护负重前行》的文章。《光明日报》2016 年 11 月 15 日发表了题为《福建土堡：怎样在发展中留住乡愁》的报道，记叙了专家考察朱熹故乡福建三明尤溪土堡的过程；记者报道了残存的土堡现状，记录下专家们的意见：政府与社会资本合作的“PPP 模式”，面对乡村人口日趋减少的不可逆现实，应该吸引城市中的人回到乡村，将土堡打造为“民宿”，在不破坏现有形制的前提下，实现功能更新。也有专家提出，就保护而言，首先应该考虑当地人，人的利益是优先的，只有做到长期发展而不是只顾短期利益，文化遗产保护事业才能够持续发展，等等。

上述建议，已经超越了简单的乡愁情怀，而诉诸国家土地法规、资金筹措模式、专家功能实现等层次。应该说，在越来越深入研究、讨论的基础上，对传统村落保护的思路越来越宽了，为政府制定传统村落保护法提供了良好的基础。在国家立法的基础上，国家、地方政府组织专家开展普查，确认传统村落的级别，分别实施不同层次的激活、保护、开发，才有坚实的基础。

我理解，通过专家学者的普查、认定，得出的结论一定会有利于政府形成健全完备的保护方案和具体操作措施。一方面，对仍然有社群活力的乡村，实施新农村建设规划，改善其经济机制，改建生活设施，改善村民的生活条件，把工作重点聚焦到提高农业产业框架基础、为居民提供更好的生活环境、增强村庄文化意识、保存农村聚落特征上来。另一方面，为有着特殊文化传承却逐渐凋敝，甚至失去社群活力的乡村，探索一套完善保护的工作模式，形成一种工作机制，并得到国家法规政策的支持和保障，包括土地规划、投资体制、严格的环境保护，建立严格的农民参与机制等，为保留故乡记忆、记住我们的乡愁，留下一系列艺术博物馆、乡村技艺馆，产生具有独特价值的“乡愁符号”。

作为“中国民间文化遗产抢救工程”的重要项目之一，《中国历史文化名城·名镇·名村丛书》正是通过众多专家学者和民间文艺工作者辛勤的田野调查工作，在中国民协推动的“中国传统村落立档调查工程”所积聚的海量信息基础上，多学科、多视角地反映当下古城古镇和传统村落现状，发掘传统文化的独有魅力，进而为保护和传承优秀传统文化积累鲜活的素材，汇拢丰富的经验并寻觅科学的路径。相信这套丛书的出版将对古城古镇和传统村落的保护发挥积极作用。

2017 年 3 月

（作者系中国民间文艺家协会分党组书记、驻会副主席）

芬芳"乡愁"彰中华（序二）

郑一民

站在21世纪桥头，审视中华五千年文明，由历代劳动人民创造并守护的数以万计的历史文化名村、名镇、名城，堪称中华民族可以在世界上引以为豪的珍贵国家财富。在经济全球化、现代化高速发展，城市化进程汹涌而来的今天，保护历史文化名村、名镇、名城，不仅是时代赋予当代国人的神圣历史使命与责任，也是中华民族屹立于世界之林、实现伟大复兴的必然选择。

一个古老的村镇或城市，犹如一位饱经沧桑、阅世甚深的老人，既有深厚的文化积淀，又承载着世代子孙魂牵梦萦的"乡愁"。在古村、古镇、古城之前冠以"名"字，其历史文化价值更是非同凡响。她们所承载的物质与非物质文化遗产，既是传递民族血脉和熏陶锤炼民族美德、优秀品格的重要精神食粮，也是构建社会主义核心价值观和具有中国特色美好家园的重要基石。在我国现代化建设快速发展中，科学记录和保护历史文化名村、名镇、名城的人文历史、自然风貌和各种原生态信息，是一件功在当代、利在千秋的伟大事业，对研究、传承、弘扬、创新中国传统文化和实现中华民族伟大复兴，具有深远的历史意义和重要的现实意义。

探究中华文明之河，始于涓涓，终于浩浩。历史文化名村、名镇、名城就是其中的“涓涓”，数以万计的“涓涓”才汇就中华文明的浩浩大河。作为“涓涓”，每一个名村、名镇、名城虽有体量大小之别，但都是一个自然的社会单元。她们是历代先人适应自然、利用自然、实现“天人合一”的见证，也是创造文明、积淀文明、传承文明的家园。其保存的年轮印痕、光阴故事、人生观、审美观、习俗信仰和生产、生活、居住方式等，犹如一部部五彩缤纷的百科全书，承载着民族的历史记忆和文化基因，闪烁着民族的智慧与品格，慰藉着我们的心田与灵魂，涵养着泱泱中华。从这个意义上讲，历史文化名村、名镇、名城是中华民族物质与非物质文化最大、最重要的载体，保护名村、名镇、名城就是保护中华优秀传统文化。

著名文化学者罗杨在论述古村镇保护时说：“人类文明的进化不能没有积累和继承，历史的车轮可以碾过如梭的岁月，但不应拆毁我们心灵回归故里之路。”遗憾的是，在经济社会快速发展中，对古村镇和古城的保护还没有引起世人的应有关注和重视，致使不少古村镇和城市古街区在既无完整文字记载又缺乏图片记录的情况下，便在时代洪流中消失了。针对这种现状，中国文联、中国民协在全国实施了“中国传统村落立档调查工程”。在此基础上，我们在中国民协和河北省委宣传部的大力支持下，于2016年10月在全国率先启动了《中国历史文化名城·名镇·名村丛书》河北卷的编纂出版工作。

《中国历史文化名城·名镇·名村丛书》是由中国民协承担并在全国组织实施的中国民间文化遗产抢救工程重点项目之一，也是继中国民间文学三套集成之后在全国开展的又一项具有重要影响的浩大基础文化建设项目。河北列入这项文化工程的历史文化名村有 190 个、名镇 18 个、名城 12 个。根据编纂方案要求，我们将对每个历史文化名村、名镇、名城单独立卷，力求以质朴、简明的文字，图文并茂的形式，从历史学、社会学、民俗学、建筑学、文化学等视角，客观、准确、简洁、鲜活地记述名村、名镇、名城的历史与现状，阐释每个名村、名镇、名城独有的文化内涵与价值，彰显河北历史文化名村、名镇、名城特有的魅力与精彩，惠及当代，传之后世。为了使读者检索、查阅、研究方便，本套丛书在编纂过程中将以“中国历史文化名村河北卷”“中国历史文化名镇河北卷”“中国历史文化名城河北卷”三个系列问世。

家园需要呵护，硕果需要众人浇筑。完成这

项浩大的文化工程，需要数以百计的作者和知识产权出版社编辑们几年的奋斗，无论是田野调查拍摄还是梳理编撰，皆充满艰辛与探索。但耕耘者向来是不怕困难的，硕果会因此更香甜，社会发展会因这些成果更精彩，共和国文化建设会因大家的奉献更加炫目！

俗话讲，金无足赤。由于编者知识水平有限，又无前人研究成果可借鉴，书中谬误之处难免，敬请各位方家和读者批评指正。

2016 年 10 月 30 日

（作者系河北省民间文艺家协会主席）

中国历史文化
名城·名镇·名村丛书

中国历史文化名城

河北承德 | 目录

第三章
非物质文化遗产在承德

第四章
地方习俗

第五章 传说与逸事

第六章 红色火种 薪火相传

第七章
物产美食

Famous Villages, Famous Towns, Famous Cities of Chinese Historical and Cultural Series

The Chinese Famous Historical and Cultural City

Chengde Hebei | Contents

Chapter 5
Legends and Anecdotes

Chapter 6
Inheritance of Red Kindling

引言

（一）

承德市位于河北省东北部，北纬40° 11′—42° 40′，东经115° 54′—119° 15′，处于内蒙古高原和华北大平原的过渡地带，一市连通北京市、天津市、河北省、辽宁省、内蒙古自治区，区位优势独特。

承德西北部为上述过渡地带的坝上草原，中南部是燕山山脉的峰峦幽谷，东部为连绵到辽西的丘陵，承德市区则是被丘陵环抱的盆地。佟山、罗汉山、风云岭巍然屹立于盆地四周，狮子沟、武烈河蜿蜒于山谷盆地中。武烈河西岸，是一片群山环抱的平原，景色优美，清康熙、乾隆年间，清政府在此处修建了闻名遐迩的避暑山庄和外八庙。

在我国历史上，因承德是中原地区与蒙古草原地区经济文化交

↓ 承德市全景

流的衔接地带，中原的先进技术经由这里传至北方，草原上的畜牧产品也通过这里运输到中原腹地。

此地曾发掘出新石器时代的陶器、石器，说明很早就有人类在此地生息；还出土过夏商时期的铜器和战国时期的铁质农具，农耕文明在此得到普及。战国时期，燕国曾在这里设置郡一级的行政机构，秦以后的中央朝廷也多在此地设置行政治所，但承德成为一个城市，却是随着避暑山庄和外八庙的兴建而形成和发展起来的。

这里原是一个普通的小村落，叫作热河上营，仅有几十户人家，可谓“名号不掌于职方，形胜无闻于地志”（康熙《御制溥仁寺碑文》）。清初，由于内忧外患等原因，清政府开始大规模练兵，其中最主要的项目，就是北巡和木兰秋狝（木兰，满语，即哨鹿，诱捕鹿的一种方式；秋狝即秋天狩猎）。一年一次的北巡和木兰秋狝成为定制。每次练兵，随行的除了皇室成员，还有

↑ 承德市标志性建筑火神庙康熙铜像

朝廷六部官员、八旗劲旅，组成浩浩荡荡的大军，从北京出发，到八百里外的塞北，因此需要沿途设置数十座行宫，以备休息和储存物资。康熙四十一年（1702），康熙帝在踏勘了热河的地形之后，觉得此处“道近神京，往来无过两日”（康熙《避暑山庄记》），大建热河行宫；四十二年（1703）正式动工；四十六年（1707）初步建成；五十年（1711）九月，康熙有感于“胜境总观细赏”，给热河行宫赐名“避暑山庄”。避暑山庄在康熙后一直有所新建，直至乾隆五十七年（1792）完工，历时89年。在这一过程中，随之设立的行政管理机构和驻防机构也不断增加，甚至有些官员在这里修建府第，以方便跟随皇帝出行与处理政务。

为了满足这些皇亲国戚、政要官员的需要，此地的商业和手工业不断发展繁荣，人口逐渐增加。当初这里“筚路之际，人烟尚少”（乾隆《御制热河志序》），在避暑山庄建成八年后，康熙在为“烟波致爽”所题的诗文中已有了“聚民至万家”的描绘。乾隆四十三年（1778），乾隆在一道谕旨中写道：“数十年来，见该处户口日增，民生富庶，且农耕蕃殖，市肆殷阗”“皇祖诗云聚民至万家，今则不止于万，俨成大邑矣”。这说明，热河上营这个小村落，在半个多世纪里，随着避暑山庄的兴建而发展成为一个“市肆殷阗”的都会。

承德一名的得来是由于雍正皇帝。自康熙四十二年（1703）设立热河行宫总管后，雍正元年（1723）创设热河厅，十一年（1733）改为承德州，这是“承德”（取“承受先祖德泽”之意）二字作为官方命名的开始。乾隆年间又曾设过热河道、热河厅，乾隆四十三年（1778）又升为承德府。此后，承德、热河的名称兼有使用。

↑ 文庙一角

（二）

截至2020年底，承德市下辖3个市辖区（双桥区、双滦区、鹰手营子矿区）、4个县（承德县、兴隆县、滦平县、隆化县）、3个自治县（丰宁满族自治县、宽城满族自治县、围场满族蒙古族自治县）和1个开发区（承德高新技术产业开发区），并代管1个县级市（平泉市）。

这里是中国普通话标准音采集地、中国摄影之乡、中国剪纸之乡，同时又是民族大市，是河北省少数民族人口、民族自治区划最多的地级市。

承德地处首都“北大门”，位于潘家口、密云“两库上游”，滦河与武烈河交汇于此，是内蒙古科尔沁、浑善达克沙地“两沙区前沿”。承德是京津冀水源涵养功能区、京津冀西北部生态环境支撑区、国务院批复的国家可持续发展议程创新示范区，且一以贯之地承担起为京津阻沙源、涵水源的重要使命，成为拱卫京津生态环境的第一道“绿色屏障”。

承德是河北省唯一入选“国家森林城市”的城市。2017年，承德市林地面积增加到3417万亩，森林覆盖率达57.67%，两项数据均居华北地区首位，成为名副其实的“华北绿肺”“京津水塔”。位于承德围场的塞罕坝机械林场，60年来成功营造起百万亩人工林海，创造了荒漠变绿洲的奇迹，创造了世界生态文明建设史上的典型。2017年8月，习近平总书记对塞罕坝林场建设者感人事迹作出重要指示，称赞其“是推进生态文明建设的一个生动范例”。2020年，塞罕坝林场全场总经营面积达到140万亩，其中有林地面积达到115.1万亩，森林覆盖率达到82%。塞罕坝三代人从

↓ 五彩金龙广场

治荒沙到生态育林，走出了一条生态效益与经济效益、社会效益并重的绿色发展道路，铸就了“牢记使命、艰苦创业、绿色发展”的塞罕坝精神。2021年8月，习近平总书记到承德考察，第一站就是塞罕坝机械林场。

1961年3月，承德避暑山庄成为全国第一批“重点文物保护单位”。1982年2月，承德市被国务院批准成为全国首批24座历史文化名城之一，同年，还被列为全国44家重点风景名胜区之一。1985年承德避暑山庄被评为“中国十大风景名胜”之一。1994年，避暑山庄及周围寺庙被联合国教科文组织批准为世界文化遗产，从而使承德步入了世界文化名城的行列。

2010年以来，承德市先后被评为“国家园林城市”、中国“十大特色休闲城市”、第二批国家全域旅游示范区等。2017年10月10日，全国绿化委员会、国家林业局授予承德市“国家森林城市”称号。2019年5月6日，国务院同意建设承德市国家可持续发展议程创新示范区。2019年，承德市成功举办了第三届承德市旅游产业发展大会。2021年1月，入选中央文明办2021—2023年创建周期全国文明城市提名城市名单。2021年5月，入选“中国城市品牌评价百强榜（地级市）”名单。

“紫塞明珠”承德自然环境优美独特，历史底蕴深厚。她见证了“康乾盛世”的百年辉煌，承载着四海归心、天下一统的梦想。避暑山庄的修建，“合内外之心，成巩固之业”，使承德成为清王朝第二个政治中心。

↓ 普陀宗乘之庙雪景

第一章
紫塞明珠

“丹霞夹明月，华星出云间”（曹丕《芙蓉池作诗》）。群山峻岭环绕的承德市内分布着北方少见的丹霞景观，蔚为壮观的红色砂砾岩层，被古人雅称为“紫”；又因承德在古北口外，被称为“塞”，加上承德是集山水、古建、园林于一身的历史文化名城，所以有了一个美丽而响亮的名称——紫塞明珠。

承德的历史绵长悠久，据说是亿年以前侏罗纪世界生物发祥地，这里有7000年前的赵宝沟文化，有5000多年前的红山文化，有2000多年前的山戎文化。在新石器时代后期母系民族社会向父系民族社会转化时，游牧民族从蒙古高原沿河流进入平原区，转向农耕生活，他们曾经在热河地带经过。可以说，这里是人类社会进化、发展的转折地域。这一时期的文化应称为燕山文化，它与燕赵文化成为现在河北的历史远古文明。承德域内拥有文化内涵丰富、类型最为多样的长城防御体系遗存，它正是中原民族与北方游牧民族长期碰撞、交流与融合的重要历史见证。

在清朝早中期，承德与北京共同组成中国政治、军事、宗教等领域不可忽视的中心。承德是全国历史文化名城中极少数“无城垣的古代治所城市”之一，其独特的山庄城市一体化的发展模式及空间特征，是中国山水城市的独特类型。

历史沿革

承德因在滦河之北，古有“滦阳”之别称，有丰富的多民族历史文化内涵。

殷周时期，这里是山戎、东胡等少数民族活动的区域，是燕侯的势力范围。承德东约150千米处的凌源县海岛营子村，出土过多件西周铜器。战国时代，承德一带隶属于燕国设置的渔阳郡、右北平郡、辽西郡。《史记·匈奴列传》记载，燕国曾在这一带修筑长城，至今在北部的丰宁、围场，长城遗址仍依稀可见。另著名的兴隆农具铁范的发现，说明当时这一带的农业生产已相当发达。

秦汉以后，历代的中央政权都曾在此设置过行政管理机构。在漫长的历史中，这里的汉、匈奴、乌桓、鲜卑、库莫奚、契丹、突厥、蒙古等各族经济文化得到进一步发展。元代、明代，承德属北平府（今北京），为喀喇沁、翁牛特、察哈尔等蒙古部落的游牧地。

清朝初年，承德市区还是一片牧场，蒙古地名——哈伦廓勒，汉语译作热河，1681年康熙皇帝第二次北巡，在承德北部的塞罕坝设置了木兰围场，此后每年都要出塞经过承德一带。1701年，康熙皇帝决定在喀喇河屯（今滦河镇）兴建行宫，喀喇河屯行宫是康熙在塞外建成的第一座行宫。中国第一历史档案馆“内务府奏销档”中的档案证明，在康熙四十一年（1702），塞外有八座行宫同时开工建设，其中上营行宫即后来的热河行宫，由于位置适中，环境优美而继续扩建，由此带来一个城市的诞生。康熙四十七年（1708）热河行宫开始启用，标志着热河进入了发展期。随着热

↑ 普陀宗乘之春

↑ 烟雨楼之夏

↑ 热河泉之秋

河行宫的修建，这里逐渐发展成清王朝的第二政治中心，同时成为满族、蒙古族等少数民族的聚集地，全国各地的能工巧匠、商户不断聚集，此地渐成兴盛之气。

康熙五十年（1711），热河行宫被康熙皇帝赐名为“避暑山庄”。此时，一个周秦之世曾为荒原的牧场小村落——热河上营，已经是“生理农桑事，聚民至万家”的大村镇了。此后，为适应皇帝每年都要到承德避暑的需要，各皇家贵族、朝廷大臣及一些文士词人争相在承德修建府邸宅院，市井行人杂沓，车马喧嚣，酒楼茶铺鳞次栉比。

雍正元年（1723），雍正皇帝设置了热河厅，是散厅，与县平行，后来又设立了四旗厅（今丰宁、隆化）、八沟厅（今平泉市）。热河厅的设立，是承德市设立衙署之始。

1733年，在康熙帝八十冥寿之际，雍正皇帝效仿其父康熙命名奉天为承德的做法，取“承受先祖德泽”之意，将热河由厅升为州，亲自命名“承德州”。承德州是直隶州，直属于省辖。从此，热河有了“承德”之名。

↑ 冬日山庄

乾隆四十三年（1778），乾隆皇帝在一道谕旨中说：“热河地方朕每岁秋狝先期驻跸，数十年来，见该处户口日增，民生富庶，且农桑蕃殖，市肆殷阗……”“皇祖诗云聚民至万家，今则不止于万，俨成大邑矣”。是年发出谕令升为承德府，下辖一个州（平泉）、5个县（丰宁、滦平、赤峰、朝阳、建昌）。此时承德成为当时仅次于北京的另一重要政治中心，有“塞外京都”之称。当时，清帝每年几乎有一半的时间在此避暑、处理朝政和接见少数民族王公及外国使节。

嘉庆十五年（1810），嘉庆皇帝下令设热河都统署。道光十七年（1837）以后，热河地方文武官员均属都统署管辖，官职与朝廷派出的总督、巡抚同。辛亥革命时废除府建制。

↑ 文庙一角

中华民国建立后，1913年裁承德府，设承德县。1914年，设热河特别区。1928年，改建热河省，省会设于承德。1933年，日军侵占热河，承德成为伪满洲热河省会。

1945年日本投降后，承德解放，同年9月承德市（地级建制）正式建立。1948年，承德市第二次获得解放，隶属热河省管辖，为热河省省会。

新中国成立后，承德仍为热河省省会。1955年12月31日，热河省建制撤销。1956年1月，承德市及承德、隆化、围场、丰宁、滦平、兴隆、青龙、平泉8县划归河北省管辖。

1956年11月，兴隆县鹰手营子、寿王坟划归承德市管辖，设鹰手营子矿区。1958年，承德县建制撤销，并入承德市。

1960年3月，承德地、市合并，承德市辖市区、下板城区、隆化县、围场县、丰宁县、滦平县、兴隆县、青龙县、平泉县。

1961年5月，承德地、市分设，承德市设翠桥区、虹桥区、双塔山区、红石砬工委、双峰寺工委。1963年1月，增设宽城县。1965年2月，鹰手营子、寿王坟、马圈子重新划归承德市，复设鹰手营子矿区。1984年1月，承德市改为省辖市，辖双桥区、双滦区、鹰手营子矿区，承德县（同年青龙满族自治县划归秦皇岛市）。

1993年7月1日，承德地、市合并，下辖承德、兴隆、滦平、隆化、平泉5个县和丰宁、宽城、围场3个自治县及双桥、双滦、鹰手营子3个区。2017年，国务院批准，撤销平泉县，设立县级平泉市，由河北省直辖，承德市代管。

↑ 金山亭之冬

截至2020年底，承德市下辖3个市辖区（双桥区、双滦区、鹰手营子矿区）、4个县（承德县、兴隆县、滦平县、隆化县）、3个自治县（丰宁满族自治县、宽城满族自治县、围场满族蒙古族自治县）、1个开发区（承德高新技术产业开发区），并代管1个县级市（平泉市）。

一座山庄 半部清史

↑ 避暑山庄水心榭

避暑山庄，又名热河行宫、承德离宫，在承德市中心北部，原为清代皇帝避暑、处理政务的地方，是我国著名的古代园林之一。自康熙四十二年（1703）开始建造，经过89年的时间，到乾隆五十七年（1792）才最后完工。

避暑山庄建于此处，是因为木兰行围。八百里的长途行军和狩猎，不仅沿途需要休息，而且经常在途中有重要奏章必须及时处理，因此从古北口外至木兰围场相继修建了16座行宫。并且，由于木兰行围前要集合部队，行围后要论功行赏，举行大规模宴会，接见各少数民族首领共商治国大计，须在临近京城、地点适中之处建立一座“活动中心”，承德就是最佳选地。康熙帝说承德“道近神京，往来无过两日”，乾隆帝说承德“左通辽沈，右通回回，北通蒙古，南接天下”，两位皇帝都着眼于承德政治、地理位置的重要性。

其次，蒙古、藏、满等少数民族世居高寒地带，不耐酷暑，进京朝觐唯恐“出痘”（据史载，六世班禅因痘疫圆寂于北京），而此地离京尚有一段距离，在此朝觐可以稍减被传染的恐惧。

再者，这里的地形富于变化，具有各种不同的景观要素，东傍武烈河，北临狮子沟，位于两河交汇处，水源充沛。又有多种地形、地貌组成的奇峰异岭，环绕于山庄四周，有峻岭深壑，平地丘陵，自成天然，无须过多耗费人力物资，是造园佳地。

避暑山庄规模宏大，占地面积560万平方米，周围宫墙长达20华里，有丽正门、德汇门、碧峰门等九个门出入。山庄内，有康熙皇帝玄烨、乾隆皇帝弘历题名的“康乾七十二景”。

整个山庄，分成宫殿区和苑景区两大部分。

宫殿区在山庄的南部，为清帝处理朝政、举行庆典和居住休息的地方，是山庄中最大的建筑群，包括“正宫”“松鹤斋”“万壑松风”和“东宫”四组宫殿建筑，建筑平行排列，布局整齐。

正宫

正宫，根据封建帝王“深居九重”的体制，由九进院落构成，分为前朝和后寝两个部分。

正宫的主要建筑有“午门”，门上悬挂康熙亲题“避暑山庄”匾额，故此门又称“避暑山庄门”。清帝在正宫中召见官吏和外国使节、练习射箭等，现存的四块乾隆御制碑中记载有乾隆12岁时在此练射，20箭射中19箭的事迹。

↑ “澹泊敬诚”殿内

“澹泊敬诚”殿是正宫的主殿，因整座大殿由楠木构建，故称楠木殿。外藩入觐、朝臣启事、各种隆重的大典大多在此殿中举行。

楠木殿往北为“依清旷”殿，因乾

隆书写的“四知书屋”匾额悬挂于此，又称“四知书屋”。此是清帝举行大典前后休息的地方，有时也在此接见各少数民族首领。

↑ “澹泊敬诚”殿整体

再北有照房十九间，栉比而列，名“万岁照房”，俗称“十九间殿”，其中部三间为佛堂，名“宝筏喻”。十九间房以南，是处理朝政的场所，称“前朝”；十九间房以北，为居住的地方，为“后寝”。后寝主要有“烟波致爽”殿，清帝多在此居住，列为“康熙三十六景”的第一景。“烟波致爽”两侧各有书房及围房组成的院落，以备妃嫔居住。

松鹤斋

松鹤斋的总体建筑布局与正宫相近，建筑规模略小于正宫，

↓ 松鹤斋

↑ 万壑松风的天空

↑ 万壑松风正面

↑ 万壑松风侧景

松鹤斋的长度与宽度均为正宫的三分之二，这是明清宫殿通用的比例。其位于正宫东侧，布局与正宫平行，乾隆十四年（1749）修建了这座由八进院落构成的建筑群落，供皇太后和妃嫔居住。

松鹤斋正殿后为绥成殿，其在嘉庆十二年（1807）更名为继德堂，再后，照房十五间，其门殿三间，大殿七间，大殿名曰乐寿堂，是太后的寝宫。堂后有畅远楼，形制与正宫的云山盛地相似，院内有古松、假山，由假山组成的蹬道可登楼眺望湖泊区。

万壑松风

松鹤斋北面有“万壑松风”一组建筑。主殿“万壑松风”是康熙读书、写字、批阅奏章和召见群臣的地方。前殿“鉴始斋”是乾隆少年时读书处。乾隆幼年即备受康熙宠爱，11岁时被康熙选入宫中，留在身边亲自教诲。乾隆缅怀此事，将主殿更名为“纪恩堂”，并写了《避暑山庄纪恩堂记》追念康熙对他的教养之恩。这一组建筑踞岗临湖，附近原有数百古松，风入松林，松涛阵阵，因而康熙有“云卷千松色，泉和万籁吟”的诗句。

东宫

东宫位于山庄东南隅，地势海拔比正宫和松鹤斋低约6米。前面界墙上辟宫门称德汇门，其后端直达湖滨。主要建筑依次有门殿、前殿、清音阁、福寿阁、勤政殿、卷阿胜境殿等。

清音阁上下三层，俗称大戏楼，皇帝举行大赉、宴飨大典和每逢乾隆“万寿节”前后常在这里演戏。阁中有天井、地井及转轴，供特技演出用。

福寿阁为五间楼房，上层为皇帝及后妃听戏的御座楼，下层和两侧的群楼，供外国使节、满汉大臣和少数民族首领听戏。

卷阿胜境殿在东宫的最后，殿内藏有乾隆晚年“五福五代堂”的匾额。

1945年日军侵入承德时，将东宫焚毁，现在仅存一个基址。

山庄的苑景区地貌多样，山水掩映，风光绮丽多姿，包括湖泊区、平原区和山岳区。各处的景致因地制宜，自然野趣，使山庄成为一幅让人流连忘返的园林画卷。

↑ 避暑山庄芝径云堤

湖泊区

避暑山庄的湖泊面积不大，包括洲岛在内约为43公顷。有大小岛屿8个，最大的不过7公顷，最小的只有0.4公

↑ 水心榭冬景

顷。这些岛屿和长堤，把湖面分割成大小8个部分，西面的如意湖和北面的澄湖水面较大，另有上湖、下湖、镜湖、银湖，平原区北部则有半月湖，另在长虹饮练以西有山溪瀑布汇集而成的西湖（又名内湖）。湖水通过水心榭下的水闸和宫墙水闸与武烈河相通。湖泊区是避暑山庄内的重点风景区，“康乾七十二景”有三十一景位于湖区。乾隆的“山庄胜处，正在一湖”，可谓确评。

湖泊区建筑组群较多，大致依方位可分成东部、中部、西部三组。

湖泊区东部有水心榭、清舒山馆、文园狮子林、戒得堂、汇万总春之庙、金山等。

文园狮子林为乾隆四十三年（1778）兴建，是乾隆仿倪云林《狮子林图》建造的，园内十六景，现只残存假山数堆，布局灵活，结构精巧，明显具有南方园林的特色。

在镜湖内，乾隆赐名的“戒得堂”，其名取自康熙常用的一枚小章“戒之在得”，语出《论语·季氏》：“子曰：君子有三戒，少之时，血气未定，戒之在色；及其壮也，血气方刚，戒之在斗；及其老也，血气既衰，戒之在得。”在避暑山庄之时，康熙常用此章，乾隆亦常见此章，后修筑书堂，乾隆便用了康熙这枚小章的文字，告诫年轻人要“戒方刚”，自诫“戒得”。这种自察自省的行为，使他们多了励志治国的勤奋。

湖泊区中部的建筑组群有静寄山房（月色江声）、采菱渡、如意洲、烟雨楼等。

如意洲是湖泊区最大的岛，因形似如意头而得名。正宫落成前，这里是康熙避暑期间处理朝政和居住的地方。洲上建筑甚多，七十二景中的“延薰山馆”等十二景均在其上。其布局同月色江声类似，为北方四合院形式。

↑ 烟雨楼冬景

湖泊区西部的建筑有芳园居、芳渚临流、长虹饮练、临芳墅、知鱼矶等。这里为湖泊区和山岳区的毗连地带，建筑规模均较小，有的只是一亭一榭，点缀掩映，在湖山之间，景色万千。

平原区

湖泊区北面，直到西北山下，为平原一片，是平原区。万树园和试马埭占了平原区的绝大部分地域。这里建筑规模和数量，虽然不及宫殿区和湖泊区，却更为鲜明地反映出避暑山庄联谊少数民族，特别是蒙古族的特色，这是其他宫苑所没有的。

万树园位于平原区北部，占地达一千余亩，原为蒙古族牧民放牧的场所。园中立有乾隆题“万树园”石碣一块，园内一切布置皆模仿蒙古草原风俗，活动时搭起帐篷、蒙古包。乾隆经常在此接见各少数民族王公和外国使节，举行“大蒙古包宴”。西藏六世班禅来朝时，曾在这里接受赐宴和观看火戏、马技表演。清帝还在此接见过英国特使马戈尔尼。

山岳区

避暑山庄西北部，是一片峰峦起伏、沟壑纵横的山地，由西北向东南湖泊区方向倾斜，面积约占全园的五分之四。山峰相对高度仅为20—100米，几处高峰也不过180米，便于登临远眺。设计者充分利用这一地势和自然条件，因地制宜，布置了很多园林建筑，创造了很多胜景，如山近轩、梨花伴月、玉岑精舍、碧静堂、食蔗居、秀起堂、锤峰落照、倚望楼等。山区的寺庙和园林建筑共四十四处，沿着四条天然沟峪，依山就势布置。

避暑山庄不仅有合理的功能分区、组景和观赏路线，而且在布局手法上，充分利用自然环境。山庄内湖泊、岛屿面积都相对较小，较分散，山区虽面积很大，但多为山丘，山峰不高，不宜于布置集中的大体量建筑，避暑山庄的设计恰当地结合了所处的自然条件，景物采取分散布局，突出了“山庄”特征。这些离宫别苑，有疏有密，有显有隐，使建筑或隐或现于山林之中。优美的自然环境和别具匠心的布局相结合，形成避暑山庄的独特风格。

风格多样的寺庙群——外八庙

清朝统治者对蒙古、藏等民族采取“因其教不易其俗”（乾隆《普乐寺碑记》）、“以俗习为治”（《承德府志》卷十九）的政策，乾隆所谓“兴黄教，即所以安众蒙古，所系非小，故不可不保护之”（乾隆《喇嘛说》碑），就是利用在蒙古、西藏地区具有相当信仰基础的喇嘛教加强清朝政府同蒙古、藏等少数民族的团结，进而巩固其统治地位。

避暑山庄兴建后，这里成为接见、赏赐蒙古等各少数民族王公贵族的政治中心。康熙在避暑山庄外首先兴建了溥仁寺、溥善寺，以后乾隆又陆续在避暑山庄周围修建了10座庙宇。由于这些寺庙均为皇帝进行政治活动的场所，所以庙的规制、布局、预算全由皇帝亲自批准；庙名、匾额、对联均由皇帝亲笔撰写，而且用满、蒙、汉、藏四种文字刻成。这些建筑多用黄、绿琉璃瓦覆顶，特别重要的寺庙更是采用鎏金铜瓦覆顶，宏伟壮观，世所罕见。

如前所述，避暑山庄外共有敕建寺庙12座（见表1），那为什么现在一般称为“外八庙”呢？原来，这些寺庙中的普乐寺、广安寺和罗汉堂当时不设喇嘛，由内务府派绿营兵看管。其余9座寺庙归理藩院所属，由北京雍和宫管理，并在北京设8个办事处（其中普佑寺与普宁寺为一处），分别处理各寺庙的人事、经济等事务。凡理藩院行文或史载的寺院，称外八庙，泛指古北口外或避暑山庄外驻有喇嘛的寺院。久而久之，这12座寺庙就被统称为外八庙了。

外八庙所展示的文物碑刻，是我国统一的多民族国家得到巩固和发展的历史见证，为研究清代政治、历史、宗教提供了珍贵的资料。

表1　外八庙的建筑情况

寺庙名称	占地面积（公顷）	位置	兴建年代
溥仁寺	3.44	武烈河东	康熙五十二年（1713）
溥善寺	1.09	武烈河东	康熙五十二年（1713）
普宁寺	7.33	武烈河北	乾隆二十年至二十三年（1755—1758）
普佑寺	0.68	武烈河北	乾隆二十五年（1760）
安远庙	2.79	武烈河东	乾隆二十九年（1764）
普乐寺	2.12	武烈河东	乾隆三十一年（1766）
普陀宗乘之庙	21.59	武烈河西	乾隆三十二年至三十六年（1767—1771）
广安寺	0.92	武烈河西	乾隆三十七年（1772）
殊像寺	2.44	武烈河西	乾隆三十九年（1774）
罗汉堂	1.11	武烈河西	乾隆三十九年（1774）
须弥福寿之庙	7.62	武烈河西	乾隆四十五年（1780）
广缘寺	0.25	武烈河北	乾隆四十五年（1780）

注：溥善寺、广安寺、罗汉堂毁于战火，现仅存遗址。
资料来源：承德市文物局等编著：《承德殊像寺文物保护工程实录》，文物出版社2022年版。

溥仁寺

溥仁寺位于武烈河东，是外八庙中最早兴建的一座寺庙，也是外八庙中现存的、唯一的康熙时期寺庙。

↑ 溥仁寺主殿

康熙五十二年（1713），这一年是康熙六十寿辰，蒙古各部王公来避暑山庄为其祝寿。康熙帝为了尊重他们的宗教信仰，特敕建溥仁寺和溥善寺，以供瞻卬。“溥仁”“溥善”的意思是表示帝王治理天下，要施以“仁政”和“善政”。

溥仁寺是汉式“伽蓝七堂”（伽蓝，即寺庙别称。七堂，即山门、钟楼、鼓楼、天王殿、大雄宝殿和东西配殿）的布局。寺内建筑物沿南北中轴线对称布置。进山门东西坐落着钟楼和鼓楼，后面是天王殿和东西配殿，再往后是正殿，悬挂“慈云普荫”匾额，殿内供奉三世佛，两侧为十八罗汉。

↓ 溥仁寺门正面

↑ 普宁寺金漆木雕千手千眼观世音菩萨

这里是全寺的中心，面阔七间，进深五间，是寺内唯一使用琉璃瓦的建筑物。正殿前有碑文两块，殿后有宝相长新殿一座，殿内供奉九尊无量寿佛。

普宁寺

因寺中大乘之阁内供金漆木雕千手千眼观世音立像，故普宁寺俗称大佛寺，是乾隆在承德修建的最早的寺庙。

乾隆二十年（1755），清朝统治者平定了新疆蒙古准噶尔达瓦齐部的叛乱。同年10月，厄鲁特蒙古四部的上层贵族来承德朝觐乾隆，乾隆为了尊重他们的宗教信仰，特地

↓ 普宁寺正面

兴建普宁寺和普佑寺以供礼拜。“普宁”“普佑”为保佑天下安宁之意。

↑ 普宁寺大乘之阁

普宁寺在避暑山庄东北2.5公里处，位于坡度不大的山上，坐北朝南。以一条明显的中轴线贯穿南北，主要建筑都位于中轴线上。以大雄宝殿为界，将全寺分成前后两部分。前半部分是典型的汉族佛寺“伽蓝七堂”布局，后半部分具有三摩耶庙（三摩耶庙，相传建于8世纪中叶的赤松德赞时期）布局的基本特征。根据喇嘛教教义，以须弥山为吉祥山，山下周围有四大部洲和八小部洲，大乘之阁及其周围的小型建筑，就是依照这种意图进行布置的。这些小型建筑均以藏式白台或红台为底座，其上建不同类型的小殿、白台或喇嘛塔。由于巧妙利用了地势高差，加上妙严室和讲经堂所形成的辅助轴线的衬托，大乘之阁的位置变得更加突出。此寺的设计充分利用地势起伏，丰富了寺庙建筑布局的传统方式。

大乘之阁，通高36.75米，前六侧五后四的重檐式结构，每层阁檐逐层收进一步架，形成抱厦攒尖顶。阁周围建有四大部洲（殿）、四色喇嘛塔和八座白台（八中洲），散置的殿堂如众星拱月，宏伟壮观。世界最大的木雕佛像——千手千眼观世音，就屹立在阁内。佛像高22.28米，重约110吨。佛顶上还立有高1.2米的无量寿佛。阁内设三层转廊，以便从各个角度观瞻佛容。阁内的三面墙壁上镶嵌无量寿佛10090尊，金光闪闪的万佛龛和通体贴金的千手千眼观世音像交相辉映，使大乘之阁更加金碧辉煌。

普佑寺

普佑寺在普宁寺东，仅一墙之隔，属于普宁寺喇嘛诵经的扎仓（寺院的附属学校）。进山门即为大方广殿一座，面阔七间，进深两间，为喇嘛集会、诵经之所。两侧配殿是僧徒学习的地方。出大殿北行有天王殿、东西配殿；后部主殿名法轮殿，法轮殿之后为藏经楼。

安远庙

安远庙建于乾隆二十九年（1764），位于武烈河畔东面山坡之上，依山面水，景色秀丽。

乾隆二十四年（1759），新疆蒙古达什达瓦部因不堪辉特部封建领主阿睦尔撒纳的欺凌，其首领率部众迁居热河，被乾隆安置在承德狮子沟武烈河两岸。乾隆为了尊重其信奉喇嘛教的习俗，特仿达什达瓦原居住地——伊犁河畔的固尔扎庙之制，营建寺庙，取名安远，即安抚边远的意思。此庙又称伊犁庙。

↓ 安远庙全景

安远庙的平面布局方整密合，内外三层墙垣，围绕着64间僧房，中间建普渡殿一座，大殿三间，顶覆黑色琉璃瓦，内供度母、三世佛等塑像，三层楼壁，绘有以度母为题材的佛经故事壁画。楼上供奉着清朝皇帝的甲胄及木兰秋狝时捕获的熊、虎木制模型。配殿内陈列着达什达瓦部迁居热河的各种文物。殿外松柏成荫，花木掩映，景色宜人。

↑ 安远庙近景

↑ 安远庙正门冬景

普乐寺

普乐寺坐落在武烈河畔东面的山坡上，在溥仁寺与安远庙之间，面临一泓碧水，背靠秀丽群峰，松柏遮阴古刹，殿堂壮丽辉煌。

乾隆三十一年（1766），清政府在平定了新疆蒙古达瓦齐部和阿睦尔撒纳部的叛乱后，西北各民族与清政府的关系日益密切，但沙俄却不断在哈萨克族内部进行分裂活动。为了维护统一，保卫边疆，生活在巴尔喀什湖一带的哈萨克等民族，不断派代表向清政府奏报边疆局势，共商保卫边陲的大计。普乐寺就是为了让前来朝觐清帝的哈萨克上

↑ 普乐寺全景

普乐寺一瞥

层人物瞻叩礼拜而营建的。“普乐”二字取范仲淹《岳阳楼记》中“先天下之忧而忧，后天下之乐而乐”之意。

普乐寺分为前后两部分，前半部分为汉式“伽蓝七堂”布局，后半部分一壁突起，两侧设踏步，于一高台上仿北京天坛祈年殿建旭光阁一座。寺内供奉弥勒、金刚、三世佛、上乐王佛等，造型精美，衣饰华丽，形态生动。最值得一提的是旭光阁的大型圆形斗八藻井，内有二龙戏珠，制作精美，金碧辉煌，具有很高的艺术价值。

普乐寺背靠磬锤峰，武烈河水犹如一条彩带萦绕其下，景色十分壮丽。

普陀宗乘之庙

普陀宗乘之庙，俗称小布达拉宫，位于避暑山庄北部的山脚下，前有山泉溪水，背倚秀岭群峰，是外八庙中规模最大的一座寺院。

普陀宗乘之庙建于乾隆三十二年（1767），完工于乾隆三十六年（1771）。乾隆三十五年（1770）是乾隆的六十寿辰，乾隆三十六年（1771）是皇太后的八十寿辰，乾隆为了显示自己的“龙”威，特地兴师动众，耗费巨资建成此庙。“普陀”指浙江舟山市境内的普陀洛迦山，相传是观音菩萨示现的地方，为佛教圣地；“宗乘”指观音所传的大乘佛法。“普陀宗乘”意为演讲、继承观音大乘佛法的佛教圣地，也是藏语“布达拉”的汉译。

普陀宗乘之庙，仿西藏拉萨的布达拉宫兴建，整个寺庙呈散射状分布在山坡之上。共有楼、台、殿、阁、塔、亭、僧房200多座。山顶处建大红台一座，台上建有群楼，楼中心建万法归一殿，此殿全部用鎏金铜瓦覆顶，在阳光下，金顶灼灼闪烁，气势雄伟，金碧辉煌。殿堂内置多座佛像和历世达赖、班禅的鎏金造像，铸造精细，形态逼真，有很高的历史文化价值。

↑ 普陀宗乘之庙全景

普陀宗乘之庙建成时，适逢原游牧在伏尔加河流域的我国土尔扈特部，冲破沙俄的重重阻碍，付出巨大牺牲，回归祖国，乾隆皇帝对此十分重视，曾在此庙和万树园举行盛大庆典和法会，隆重地接待了土尔扈特部的首领，并拨出大批物资和土地帮助土尔扈特部休养生息。普陀宗乘之庙的碑亭内有三块巨大石碑，其中两块碑文详尽记述了土尔扈特部回归祖国的始末和中央政府优恤他们的情况。

↑ 普陀宗乘之庙晨景

普陀宗乘之庙，不仅以殿宇的宏伟壮观闻名于世，还以寺庙与园林完美结合著称。整个寺内、山间松柏成荫，山花烂漫，那叠石映古木、空槐铺绿荫的奇景，更是令人叫绝。

殊像寺

殊像寺始建于乾隆三十九年（1774），位于普陀宗乘之庙以西，因为寺内喇嘛全属满族，所以俗称“乾隆家庙”。

殊像寺是以供奉文殊菩萨为主的寺庙。初建时，一般僧俗人

山峦中的普陀宗乘之庙与须弥福寿之庙

↑ 须弥福寿之庙之春

↑ 须弥福寿之庙春景远眺

等不得入内，专由满族喇嘛（学者）经管。他们用了18年的时间，翻译了三部满文大藏经，为民族文化交流作出了巨大的贡献。

殊像寺仿五台山殊像寺，因此更多呈现的是汉族佛寺建筑风格。有大殿三重，主殿会乘殿供奉着以文殊菩萨为主，观音、普贤为辅的三尊金漆彩塑像，精致逼真，是外八庙所有塑像中的精品。会乘殿两侧为藏经阁；殿后原有宝相阁，供一彩塑骑狮文殊像，民国时期被严重损毁，2000年进行了复建。

大殿后是园林，古松苍郁，山花烂漫，岩洞幽深，怪石峥嵘，是游人小憩的好地方。

须弥福寿之庙

须弥福寿之庙，俗称班禅行宫，坐落在武烈河西岸的山脚下，依山面水，秀丽清幽。

乾隆四十五年（1780）是乾隆七十寿辰，举国上下及各族王公纷纷为皇帝祝寿，西藏的政教领袖之一六世班禅也不远万里，前来承德庆贺。乾隆皇帝龙颜大悦，特拨巨资兴建了须弥福寿之庙，供六世班禅居住诵经。“须弥”指的是印度传说中的佛教圣地须弥山。须弥福寿，意为像须弥山一样福寿绵长。

↑ 远眺须弥福寿之庙

须弥福寿之庙仿六世班禅在西藏的住所日喀则扎什伦布寺兴建。主体建筑妙高庄严殿，建在群楼之中，大殿全部为鎏金鱼鳞铜瓦覆顶，顶脊之上置放八条金龙，远远望去金龙似在蓝天白云中腾跃，手法奇特而精妙，为国内所罕见。殿内供有黄教创始人宗喀巴和释迦牟尼鎏金塑像，前后殿供有七祖佛、药师佛、十八罗汉、四大天王等佛像，均雕刻精细，风采动人。

群楼西侧是六世班禅的寝宫吉祥法喜殿，为两层楼阁，上为寝室，下为佛堂。群楼后有藏经楼和八宝琉璃万寿塔。周围花树繁茂，佳木葱茏，顽石假山相映成趣，游人可以登高远眺武烈河水和磬锤峰等景观。

广缘寺

广缘寺建于乾隆四十五年（1780），位于普佑寺东侧，由普宁寺堪布喇嘛察鲁克集资，乾隆敕准建造，并题“广缘寺”。广缘寺是外八庙中最小的一座寺庙，每年蒙古活佛进京或回府均在此停留，指导僧众经仪。

山门也称门殿，门殿后有天王殿，天王殿后为主殿，东西为配殿，主殿面阔七间，内供三世佛。主殿后有二层楼七间，为住室、禅堂。

“和合承德”的文化价值

和合文化，是中华民族修身、齐家、治国、安邦的法宝，在中华文明发展史上，它谱写了许多文化奇迹，在海内外产生了重要的文化影响。康（熙）乾（隆）时期在承德修建的避暑山庄与“外八庙”寺庙群，正是在和合文化影响下成就的，它既是古代园林大成之作，也是康乾盛世的文化杰作。

从荒蛮之地变为帝王“行宫”

300多年前，承德还是一片荒蛮之地，今日这里却是中国历史文化名城和旅游胜地，是世界文化遗产保护地。“承德”这个地名自问世，就蕴含着“和合”的内涵，因此后人将承德称为“和合

↓ 雪后热河泉

承德”。

但要读懂“和合承德”四个字，还得从康熙帝勘查规划、设计、建设避暑山庄及其周围的寺庙群之事说起。据《清史稿》和《热河志》载，康熙选择在热河之地建设避暑山庄行宫和皇家寺庙群，基于以下四个原因。

其一，北方高寒地区的民族畏热易生痘，北京城的皇族每年端午至重阳常离京避暑，而热河距京城200余里，气候适宜，也是中原与北方游牧民族文化、政治交流之地，还是军事要塞，于此修筑行宫，天时地利，颇为合适。人适自然，可谓“和”；事适传统，可谓“谐”。

其二，在清廷入主中原的斗争中，蒙古部落铁骑立下了汗马功劳，每年在热河一带举行“会操”与“抚慰”活动已成惯例。1713年康熙在避暑山庄东侧的武烈河东岸修建了外八庙中的第一座寺庙——溥仁寺，其御笔题书的《溥仁寺碑文》载“非奉一己之福，合天下之福为福”，折射出康熙希望民族团结的和合文化之光。

其三，清朝初期天下虽一统，但边疆叛乱时有发生，且沙俄利用叛乱妄图分裂清朝国土，热河之地恰处华北平原连接蒙古高原的天然走廊的中部咽喉，康熙在此建造避暑行宫、设置木兰围

↑ 青山绿水中的舍利塔

场，加强对边疆地区民族的管理与威慑，构筑护卫京都的要塞与屏障。康熙之所思，正是国泰民安的和合。

其四，制定以尊重民族宗教信仰、团结民族的国策，使宗教信仰成为凝聚国家向心力和巩固中央政权的精神力量。修建溥仁寺和溥善寺，以通合蒙古和西藏民族之信仰，来解决中央与地方民族之间的矛盾，从而开创了以寺庙为载体的治国政治活动之先河。

康熙经营承德之地，本意是皇室、民族、国家相和合的结果。相比于北京紫禁城的森严，承德的行宫更显出其亲民的色彩。清政府在对边疆民族的管理上由“武治”转化为“心治”，巩固了封建王朝的中央政权，把明朝末期一度松散的蒙古、西藏等少数民族地区又重新统一起来，实现了“边宁国安”，造就了130多年的“康乾盛世”。因此，承德便有了清王朝“陪都”和“一座山庄，半部清史”之说。

天、地、人和谐共融的建筑奇观

中国历史上的城市与园林建设，一般都是先筑城后修园，而承德是先建避暑山庄，后有承德城市的出现和发展。康熙在《芝径云堤》一诗中说“因而乘骑阅河隈，湾湾曲曲满林樾。测量荒野阅水平，庄田勿动树勿发。自然天成地就势，不待人力假虚设”，由此可见，避暑山庄是康熙在一片荒山野林中勘查选址、规划设计的，并且他提出了在建筑布局与置景上要依自然天地之势的构想与理念。

逶迤宫墙围定的避暑山庄，以其东南湖泊区、西北山岳区、东北平原区的分布，以及西高东低的自然走势，摹写了中国疆域地貌形胜，使整个避暑山庄恰似中国广袤河山的微缩模型。在这个模型中，康熙开湖区、筑洲岛、修堤岸、造宫殿、建亭榭，并选山庄中寓意深刻之处题名三十六景；后来乾隆对避暑山庄进行了大规模扩建，又增建了宫殿和多处精美景观，也题名了三十六景，合称“康乾七十二景”。

↑ 月色江声牌匾

避暑山庄除了“康乾七十二景”，还有许多单体、群体建筑，总共120余组。其中除了宫殿、楼阁、廊亭、馆堂、榭室、轩斋等，还建有16处宗教场所。

乾隆年间为收藏《四库全书》，在山庄内修建了文津阁，与北京故宫的文渊阁、圆明园的文源阁、沈阳故宫的文溯阁一起，被誉为“皇家四阁”“内廷四库”。据民国九年（1920）学者陈垣所清查的结果，文津阁收藏图书3462种，列103架，计36277册。另外在“澹泊敬诚”殿、澄观斋收藏有《古今图书集成》等10000余卷。

设计者在山庄整体建筑风貌与置景方式上，借鉴了民居风格，内用金丝楠木等名贵木材立柱搭梁、雕刻装饰，外表却用青砖砌墙，灰瓦罩顶，呈现一派朴素淡雅的景象。园林也是依山势、就水形，巧妙利用自然，点缀其中，体现了儒、道、释相互为用的构筑理念。

避暑山庄的建筑，可以用“景无虚设”来形容，虽然每一处都

↑ 丽正门

有自己的个性与精彩，却都在服务着一个共同目的：民族和谐，天下一统。

避暑山庄共有九座门，丽正门被誉为避暑山庄第一门和“正门”。“丽正门”三字，取于《易经》“日月丽于天”，取其光明正大之意。门洞上方，乾隆用汉、满、蒙、维、藏文写的“丽正门”匾额，正是多民族大一统的象征。同时，乾隆还赋诗一首：“岩城埤堄固金汤，詄荡门开向午阳。两字新题标丽正，车书恒此会遐方。”既表达了他江山稳固的自豪，也表达了他渴望出入此门的各民族首领、宗教人士共襄书同文、车同轨、天下一统的盛世！

皇家寺庙群，即“外八庙”，体量巨大、色彩丰富，分散在

↓ 丽正门

避暑山庄外的东、北两面，呈现各民族建筑艺术融合之美。外八庙的建筑布局，其方位与地脉互联相辅，奇妙地构成一个四方拥护中央的文化奇观。这既是设计者的良苦用心，又是建寺庙者心愿的展现。

碑文与匾额彰显和合文化的追求

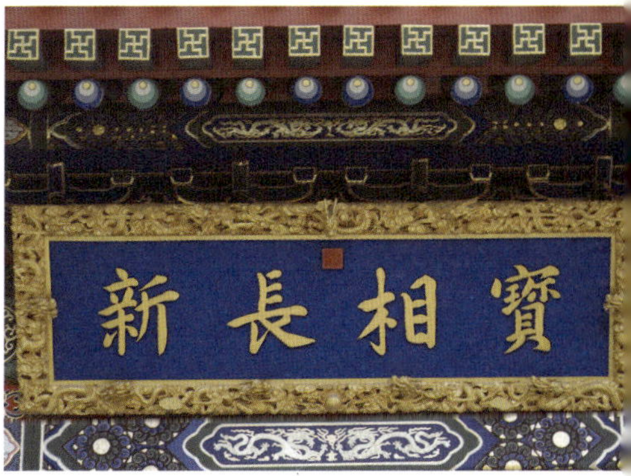

↑ 溥仁寺匾牌

以碑和匾铭志扬德、褒英倡道，是中华民族所创。秦始皇统一六国后东巡，在山东琅琊山立碑刻石，颂秦德，抒社稷万世一统的壮志；汉武帝时卫青燕然勒石，亦是对大汉威严的昭示。匾额亦发于秦，渐兴起于汉，盛行于唐宋。汉代的旌表制度，有贤德名声者，上赐匾额，以示嘉奖，并以此图移风易俗之功。可以说，在建筑物上题匾、在园林中立碑书文，是一种极具中华民族特色的文化景观。如果说，智慧构筑使避暑山庄和外八庙形成和合文化建筑奇观，那么避暑山庄和外八庙中的碑文、匾额等则形成中华民族文化精神的和合奇观。

据《热河志》载，在避暑山庄120多组建筑物中，由康、雍、乾等帝王题写的匾额多达360余处，研究他们题写的匾额，可以见出他们是如何崇尚并运用和合文化演绎故事、创造奇迹的。

承德外八庙中的寺庙，选址、规模、布局、内容设计多由皇帝亲自裁决审定，寺庙的题额、匾联、碑文也多是皇帝亲笔用汉、满、蒙、藏四种文字书写。

和则合之，国家的向心力得到极大提高。外八庙诸寺庙中，普宁寺的香火最盛。众多佛事活动与节日期间，来自四面八方的信徒络绎不绝。而这正是康乾修建外八庙的政治目的，也是“绥靖荒服，柔怀远人”政策所结出的硕果。

为接待班禅额尔德尼到承德为乾隆祝寿所建的须弥福寿之庙，是外八庙中最后落成的一座皇家寺庙，也是乾隆将“修其教不易其俗，齐其政不易其宜”（《礼记·王制》）的治国思想运用得炉火纯青的典范，让远道而来的众人有宾至如归的感觉，增强了国家边疆的稳定与安宁。

可以说，避暑山庄因“和”而建，外八庙因“和”而修。外八庙的每一座建筑，都反映了清王朝前期统一多民族国家、巩固发展多民族国家的治国方略和历史进程，是康熙、雍正、乾隆三代帝王在统一蒙古、新疆、西藏等地的少数民族时运用宗教信仰、和合文化创造康乾盛世的最生动写照。

政治家的智慧，使热河这片荒芜之地成了大清王朝北部的军政要塞、佛天圣土和国家陪都，给承德也给中华民族留下了深邃而厚重的和合文化财富。

历史文化街区

1982年2月8日，承德被列为我国首批历史文化名城。众多的文物古迹充分显示了这里深厚的文化底蕴，展现着曾经的辉煌历史，那些历史元素已经成为最宝贵的记忆，具有极大的保护价值，任凭时代如何变迁，人们都希望它们保留住记忆中那最原始、最淳朴的样子。

除避暑山庄和外八庙外，御路一段的二道牌楼街区，是历史遗存最为集中的区域；另比避暑山庄历史还要悠久的滦河老街，至今仍保留着清代的整体风貌。

2003年版《承德市历史文化名城保护规划》确定历史文化街区分为保护区范围和环境协调区范围两个层次，其中，二道牌楼历史文化街区保护范围：东起常王府胡同路东侧，西到小榛子沟路西沿，南为西大街南缘，北至碧峰中路北侧；环境协调区范围：以保护区范围界线为基线，西南外扩100米，西北、东北、东南方向各外扩60米。2011年，河北省政府批准同意二道牌楼街区和滦河老街为省级历史文化街区；同年，按照市委、市政府安排部署，根据《历史文化名城名镇名村保护条例》和相关法律、法规的规定，承德市公布了第一批历史建筑，共20处。为促进承德国际旅游城市建设，加强对承德历史文化名城保护，2014年市政府正式批准了《承德市二道牌楼历史文化街区保护规划》和《承德市滦河老街历史文化街区保护规划》。2018年，承德市公布了第二批历史建筑，共11处。同年，寿王坟历史文化街区被省政府批准为省级历史文化街区。

历史文化街区是历史文化名城保护规划的重要组成部分，处理好历史文化街区的保护与发展，为完善历史文化名城保护体系、进一步弘扬和展示优秀的历史文化遗产，对于延续城市的历史文脉、彰显城市个性有着重要的意义。

承德作为全国首批历史文化名城，有众多的历史文化遗产，在城市发展建设中如何处理好历史文化遗产保护和城市建设的关系，一直是作为承德市更快、更好发展的重要研究课题。承德依托“大避暑山庄”的战略构想，建设国际旅游文化名城，将总体城市定位为：通过“中疏、南扩、西进、北延”战略，带动城市以老城区（包括西大街、东大街、避暑山庄、南营子大街、陕西营、火神庙、流水沟、小溪沟、南园、小佟沟、温家沟等地区）为中心，向南、西、北三个方向发展，打造成为“京北通港枢纽、特色产业强市、山水园林城市、旅游文化名城”。因此，如何有效保护和合理利用历史文化资源，发挥承德历史文化资源的优势，展现古城风貌，彰显城市个性，促进经济发展，成为今日需要我们认真思考和亟待解决的重要问题。

滦河老街

滦河老街历史文化街区位于承德市双滦区滦河镇，西与滦平县西地乡接壤，北与双塔山镇隔河相邻，总面积17平方公里，距双滦区政府6公里，距承德避暑山庄20公里。

滦河老街历史上称为洪城峪、喀喇河屯或喀喇城，始建于顺治七年（1650），至今已有370多年的历史，比避暑山庄的历史还要悠久。它是承德市区现存距离避暑山庄及外八庙风景区最近的历史文化街区。街区内及周边地区现有各级文物十余处，是承德历史遗存密度较大的地区，成为承德历史文化的重要组成部分。

历经三百多年的风风雨雨，滦河老街仍保留着古镇的基本格局，即由西大街、后街、南街和北街组成的双十字街结构，较好地保存了冀北山区传统居住区的风貌、格局，有很高的文化保护价值。古老的街道、众多的文物古迹充分显示了古镇深厚的文化底蕴，展现着曾经的辉煌历史。

滦河镇历史悠久，多民族互相融和。域内及周边地区出土的文物可以证实，早在新石器时代（黑陶文化时代）就有多个游牧民族在此地繁衍生息，他们时来时往，徙移无常。西汉时，滦河镇设白檀县，是承德一带历史最悠久的县，也修筑了最早的城。金代，这里曾经是兴州城的所在地，1200年，金章宗在今滦河镇

↓ 滦河老街一角

↑ 滦河老街街景

↑ 滦河老街

建造了古城，是承德市区已知最早的城市居民点。明代，兴州属北平府，由于频年征战，古城日益荒废下去，成为蒙古族的游牧之地，被称为喀喇河屯（其意为“黑城”或“乌城”）。清顺治七年（1650），摄政王多尔衮下令在喀喇河屯修建“避暑城”，康熙四十年（1701），康熙皇帝驻跸于此，扩建喀喇河屯行宫，使之成为清廷笼络蒙古王公、筹划北方边事的据点。行宫建成后，境内呈现出前所未有的繁华景象，逐渐有山东、山西、北京、天津、辽宁、内蒙古及邻近郡县的商家及居民云集喀喇河屯，京城一些蒙古族和满族壮丁、各旗兵丁眷属同随侍人员也纷纷迁到此地，汉、满、蒙古、回等民族互相融合。他们多从商，开设各种作坊，也有辟耕粮菜的。喀喇河屯人户剧增，呈“聚民至万家”的景象。

雍正元年（1723）设热河厅，十一年（1733）改设承德州，州治所开始设在喀喇河街旱河南岸，“承德”之名最先始于滦河镇。乾隆七年（1742）设立喀喇河屯厅，乾隆四十三年（1778）改为滦平县。1940年，这里更名为滦河镇，先后经历了滦河乡、滦河公社，1984年又恢复了镇建制。

清代著名学者、文人纪晓岚（曾三任礼部尚书、五掌都察院，拜协办大学士，官居一品，《四库全书》总纂官）多次来到喀喇河屯，并留下大量诗文。他在“滦阳书院”编写《滦阳消夏录》，总共六卷，晚年再续六卷《滦阳续录》。

清代有康熙、乾隆、嘉庆、道光、咸丰五位皇帝北巡或木兰秋狝，曾驻跸喀喇河屯。由此可见当年的滦河镇具有举足轻重的作用。

继喀喇河屯行宫建成后，在滦河地区相继建有十多处规模宏伟的寺庙观。据查有穹览寺、琳霄观、关帝庙（3处）、孔庙、文昌阁、清真寺、龙王庙（2处）、龙母庙、财神庙、雹神庙、药王庙、神祇坛、静妙寺、御书寺17处寺庙观，其中穹览寺、琳霄观、神祇坛、静妙寺、御书寺为敕建官庙。

其中，在老街北面有一门，名为“北门”，为民国八年（1919）重建，至今仍保留门口及部分城墙。

文昌阁 处于滦河大街北侧与规划区一路之隔，现存有房屋一间，保存有原始的框架和部分梁架彩画。

穹览寺 地处规划范围西北角，为省级文物保护单位，是承德市最早的一座敕建的喇嘛庙，始建于康熙四十二年（1703），占地面积3900平方米。当时的穹览寺是“清钟夜闻，远近罔弗皈依，月殿朗辉，中外靡不瞻仰”（康熙《御制穹览寺碑文》），可见其影响很大，起到了笼络王公、怀柔远人的政治作用，因而喀喇河屯也一度成为塞外重要宗教中心，现还存有主体建筑。

小老爷庙 小老爷庙即关帝庙。地处穹览寺东南方，与之距离97米，总占地面积756平方米，现存有正殿、东西配殿及一间耳房，门殿位置已翻盖新房。

财神庙 地处老街区东部，与小老爷庙相距370米，庙内建筑均在原有台基上翻新，但还保存着原有建筑的格局和地名。

清真寺 在规划区南部，距穹览寺570米处，建筑保存完好，占地面积1230平方米。

文庙 文庙即孔庙。距清真寺130米处，占地面积6810平方米，现仅存影壁墙。

关帝庙 距文庙200米处，占地面积1260平方米，现保留有大部分建筑。

琳霄观 距关帝庙260米处，占地面积2880平方米，为市级文物保护单位。观内除大部分建筑外，还存有三株古槐。

龙母庙 距文庙410米处，现存主殿、东西配房及一株古槐。

清代，滦河老街在承德地区有着举足轻重的作用，与避暑山庄和周围寺庙有着千丝万缕的联系，现在街区内仍保留着清代的整体风貌及道路的骨架结构。但由于年代久远，老街区内的基础设施条件比较落后，不能满足现代人们生活的需要，同时由于对老街区的保护意识淡薄，使现有的文物古迹没有得到很好的保护，一些传统民居濒临倒塌，因此对滦河老街的保护迫在眉睫。按照《承德市滦河老街历史文化街区保护规划》，滦河老街历史文化街区将被打造成以生活居住、旅游观光、商业服务、文化交流为主要职能，集中体现承德历史人文风采的历史街区。

二道牌楼历史文化街区

二道牌楼历史文化街区位于老城区西大街中部，北靠碧峰门，南临二仙居旱河，环境优美，区域位置优越。

西大街历来是繁华之地，它原是御路的一段。御路，是皇帝、后妃及王公大臣所行之道，从北京往返于承德之间的这条路俗称京热御道，但在承德，很多人认为，御路就是从第一个牌楼（头道牌楼）到避暑山庄丽正门这一段。御路在承德这一段，可以按照三个牌楼分为三个区域：第一道和第二道牌楼间为行政区，这里机关林立，如文庙、监狱、书院等；第二道和第三道牌楼间为商业区，这里云集着义盛祥、东兴和、德记等老字号；第三道牌楼到避暑山庄之间多为官邸，刘墉大院、和珅大院、纪晓岚大院等就曾在这儿。随着城市发展，老城区改造力度加大，对街区周边的风貌有一定影响，不管是巍峨的牌楼，还是“漂亮的铺子”，都已荡然无存。后人将牌楼重新复原，西大街上仍繁华依旧，但是，御路消失的事实还是让人叹息不已。

《承德市二道牌楼历史文化街区保护规划》（2021—2035年）

↓ 二道牌楼街景

↑ 二道牌楼

↑ 二道牌楼街景之一

↑ 二道牌楼街景之二

划定保护范围，北起碧峰门路北缘，南到广仁大街南侧沿街建筑，西起武警六中队及第五监狱，东到碧峰家园二区西侧建筑东界，占地面积21.8公顷。街区内有道路5条，分别是广仁大街、碧峰门路、碧峰中路、小榛子沟路和常王府胡同。街区内有胡同19条，胡同宽度较窄，大多在4米以下，比较曲折，而且不少胡同内有居民搭建的临时建筑，更显得狭窄。按照规划，二道牌楼历史文化街区将被打造成为以文化展示、文化交流、文化创意和文化休闲为主题的观光旅游和文化旅游等功能历史街区。

二道牌楼历史文化街区历史遗存分布集中。有国家级文物保护单位城隍庙，是承德市为数不多的一座道教寺庙，风格有别于外八庙，是除北京以外北方最大的城隍庙；有市级文物保护单位热河文庙，不仅是当时大清陪都祭祀孔子之处，还是承德府及所属州县的“教育中心”；有区级文物保护单位道台衙署，设立于乾隆五年（1740）；还有承德市确定的第一批历史建筑——市住建局、安定里检察院和司法局办公楼（后两者于1953年建成，原作为热河省公安厅的办公楼）。街区内的文物古迹具有较高的历史价值、文化价值、艺术价值和旅游经济价值，共同构成了街区的人文环境。

↑ 城隍庙

城隍庙 既是避暑山庄周围皇家寺庙之一，也是皇家寺庙中的两座道教寺庙之一，建于清乾隆三十七年（1772），占地面积3500平方米，建筑面积2600平方米。前为山门殿，门前分列旗杆和石狮，门内左右有钟鼓楼一座。正殿悬有乾隆帝御题匾额：“福荫岩疆”，庙内立乾隆御制《热河初建城隍庙拈香瞻礼八韵》有序石碑，详细记载了城隍庙营建始末。

热河文庙 始建于清乾隆四十一年（1776），乾隆亲自下令兴建，占地面积约16700平方米，分为东、中、西三个大的院落，

↓ 热河文庙棂星门

文庙棂星门前

敬茶

承德文庙，学童谢师

放生

司仪

祭孔

开笔第一字

中间大院落前面是红影壁，与避暑山庄丽正门前大红影壁规格和样式相同。后面是木制“棂星门”大牌楼，东西两侧两座牌坊东西相向。1779年竣工时，乾隆亲临文庙落成庆典，并参加了隆重的祭祀活动，在此后的17年中19次来此拈香。据统计，热河文庙祭孔活动持续了166年，1944年结束。清朝末年至“文革”期间，受自然、人为因素的影响，热河文庙古建筑遭到严重破坏。2007年开始对文庙进行修复，2011年6月开门纳客，9月举行了新中国成立后的首次祭孔大典。此次祭孔仪式严格遵循传统礼仪规制，以“鼓三严”启幕，由主、分献官依序“迎圣”“盥洗”“奠帛”“献爵”“上香”“读祭文”“送圣”等。祭礼大典的目的，希望通过儒家礼乐仪式，体会到礼乐的庄重、优雅、和谐、纯美，感受中华民族传统中尊师重道、崇德立志、仁爱礼义的文化精粹。

↑ 热河道署遗址

道台衙署遗存 位于热河文庙西侧，现有部分被民居所占。道台衙署是乾隆五年（1740）设置的，占地面积略小于府署，但从建筑的布局、形式上说，它和都署等衙门是一样的；从地势上说，它也和府署完全相同，由仪门（二门）随甬道坡而上，依次是大堂、二堂、三堂，三堂是最高处。

历史建筑 承德市安定里检察院、司法局办公楼原为热河省公安厅旧址的主楼，建于1952—1953年，为三层砖混结构。承德市住建局办公楼原为热河省公安厅旧址的西配楼，距主楼西侧6米，风格与主楼迥异，为纯西式建筑，此楼原建为两层，后补建一层，此楼经过重新装修，门窗都进行了更换。

古围墙 在热河文庙东北角处现保留着原文庙的一段古围墙，长约20米。

古树 街区内有古树9棵，其中经市园林局登记在册的7棵，分布在热河文庙和承德市艺术研究所后院，另外，还有两棵树龄在50年以上未经市园林局登记入册，分别为柳树和香椿。

一条老街，可以寻访历史的沧桑印记；一座名胜古迹，可以体味深厚的城市历史底蕴。为了更好地保护承德这座历史文化名城以及城内那些有形和无形的珍贵历史遗产，2021年，按照住建部要求，承德市组织修编《承德历史文化名城保护规划（2020—2035年）》（草案）。规划保护范围为市域范围，总面积3.95万平方公里，重点保护范围为历史城区，总面积39.3平方公里。规划建立市域、历史文化名城、历史文化街区、文物保护单位和历史建筑、非物质文化遗产五个层次的保护框架。保护要素主要为山水形胜、传统格局、历史地形、传统风貌、古树名木、非物质文化遗产；历史文化街区；以承德避暑山庄及外八庙为代表的文物保护单位及32处历史建筑。此次修编重点加强了对承德历史文化价值的再认知，一是增加承德“长城文化、红色文化”价值认知；二是增补两类保护要素，即寿王坟历史文化街区及11个历史建筑；三是充分对接国土空间总体规划，建立名城体检与评估指标体系，将名城保护措施纳入国土空间基础信息管理平台；四是活化历史文化遗产，提出具体措施，彰显承德名城特色。

中国民间文化遗产抢救工程
THE PROJECT TO CHINESE FOLK CULTURAL HERITAGES

承德地势西北高、东南低，地貌主要分为坝上高原和燕山山地两种类型。域内群山连绵，草原辽阔，山清，水秀，石奇，峰险，谷幽，景色宜人。这儿不仅有皇家园林、寺庙古建、皇家猎场遗址，还有茂密的森林、瑰丽的丹霞地貌和众多自然人文景观，使承德拥有“中国优秀旅游城市”“全国历史文化名城”“中国风景名胜区”“国家园林城市”等众多殊荣。

↓ 金山岭长城

第二章
胜境寻踪

丹霞地貌群

承德市海拔200—2118米，平均海拔350米，最高峰雾灵山海拔2118米。环绕市区的山峦，属丹霞地貌，奇峰异石，自然天成，千姿百态，形成独特的磬锤峰、天桥山、罗汉山、双塔山等十大景观。

磬锤峰

磬锤峰在武烈河畔的群峰之巅，因其状上粗下细，形似妇女洗衣用的棒槌而得俗名“棒槌峰”“棒槌山”。

关于磬锤峰的记载，最早见于郦道元的《水经注·濡水》：“濡水（今滦河）又东南流，武烈水入焉，其水三川派合。……

↓ 磬锤峰全景

东南历石挺下。挺在层峦之上，孤石云举，临崖危峻，可高百余仞。牧守所经，命选练之士，弯张弧矢，无能届其崇标者。”

↑ 锤峰落照

磬锤峰高近60米，根部是一平台，可容数十人。峰腰长有一棵古桑，初夏，桑葚大而甜，传说食之能延年益寿。磬锤峰以南500米左右的山崖上，有一块大石，面南背北，抬首鼓目，大口微张，头探出悬崖，远远望去，似一只蹲坐着的蛤蟆，这就是蛤蟆石。蛤蟆石高约14米，长约20米，石下有两个洞，南北相连，东西贯通，洞内凉风习习，清爽异常。

民间传说磬锤峰是龙女甩下来的定海神针，峰下有海眼，山倒

↓ 磬锤峰与蛤蟆石

则汪洋现，当地流传着一首民谣："棒槌山倒，蛤蟆石跑，山顶挂海草。"

山北侧有清代摩崖造像7尊，神态生动。攀上磬锤峰顶，可饱览避暑山庄的湖光山色，山城亦尽收眼底。

天桥山

天桥山凌空横卧，欲接苍穹，因其山顶巨石中空，远远望去，宛如一架连接人间与天庭的桥梁，令人雀跃欲攀。民间传说："登上天桥山，便可成神仙。"

↑ 罗汉山夜景

罗汉山

罗汉山位于武烈河的东岸。山中一峰鼓起，高约100米，两侧亦有凸起，酷似大肚弥勒袒胸露腹、双手扶膝而坐的模样，故称此山为罗汉山。大肚弥勒背山面水，比例匀称，神态自若。旁亦有一座形似披着袈裟的僧人模样的山峰，仿佛两人在有说有笑，观之令人愉悦。

双塔山

双塔山为承德名山之一，位于承德市区西南30里处。两个岩柱南北排列，北峰略大，高40余米，周长74米，南峰上粗下细，周长34米。两个峰上各有一座古塔，故名双塔山。山奇、水奇、林奇、石奇、塔奇、洞奇，大自然的鬼斧神工构成了双塔山奇异的自然景观。

两峰上的古塔，传说是1300多年以前契丹人在双塔峰顶建造的，纪晓岚《阅微草堂笔记》说，山庄之西“有双塔峰，亭亭对立，远望如两浮图，拔地涌出，无路可上，或夜闻上有钟磬经呗声，昼时有云片往来”。双塔山给整个景区增添了不少神秘色彩，清朝的康熙、乾隆、嘉庆皇帝以及文武名臣曾多次登临，留下不少诗篇。

↑ 双塔山

↓ 双塔山

金山岭长城与喜峰口水下长城

承德域内不同时期的长城遗存较多，经调查发现，域内现留存有燕、秦、汉、北魏、金、明等时期修筑的长城遗迹。

燕长城，就地取材，有石砌，有土夯，还有个别地段采用城墙加壕堑的方式。在长城沿线还筑有城、障、烽火台等附属设施。

秦统一前，燕、赵、秦三国北部长城基本呈横行分布，承德北部的燕长城，秦一统后被复修补筑，继续使用。秦长城通过承德北部丰宁、围场两县，“因边山险，堑溪谷，可缮者治之”，充分利用地形优势而筑之。

汉长城在承德境内，是以烽燧与城垣交替构成的，以较大型的城池为中心，辅以众多的障塞，筑多路烽燧与之相连，并在部分地段修筑城墙。汉长城主要采取堑壕内外墙结合的筑法。墙体均为土筑，只有个别平缓之处砌以石墙，由于年代久远，或自然倒塌，或水土流失，绝大部分城墙和基址不复存在。

拓跋氏建立北魏政权后，于建国之初筑西段长城，太和年间（477—499）营建东段长城，被称为“长堑”。

11世纪中叶，女真人建立金政权。金朝在北部沿边开掘壕堑。在与内蒙古相邻的丰宁县草原乡存有7.5公里长的一段，呈东南至西北走向，其建筑特点是筑以高墙，墙下开挖壕堑。

明朝将长城沿线划分为9个防御区，称为九镇，承德域内长城属蓟镇范围。承德域内的明长城东起宽城县铧尖乡三道岭附近，向西过兴隆、承德，至滦平营盘乡入北京密云。

明代长城在承德域内总长度为317公里，有敌楼863座，墩台300余座，关隘55处。承德域内的明长城结构为石筑和砖石混筑，亦有个别陡峭之处，因山势险峻，基本以山为城墙，构成天然屏障，只筑敌楼，不另筑墙体，个别平缓处以石砌之，每隔七八百米建一敌楼，使之形成城墙高峙、堡垒林立的坚固防线。

长城，宏伟壮观，闻名世界，它是我国劳动人民的血汗和智慧的结晶。由于年代久远及自然侵蚀，承德境内大部分古长城已不存在，现留存的只有少数。

↑ 金山岭长城之沧桑岁月

金山岭长城

金山岭长城为明代长城，位于承德市滦平县域内巴克什营镇和涝洼乡，与北京市的密云区、河北省承德市的承德县接壤，分布在高山峻岭之中。

此长城的布局，依山走向皆建于山脊，西起龙峪口，东至望京楼，全长10.5公里，敌楼67座，关隘6处，烽燧2座。城体以条石为基础，条砖砌筑，内为夯土，马道铺以方砖。一般底部宽约6米，顶部宽约5米，高约2.5米。顶部北筑垛墙，设垛口和雷石孔，南

↑ 金山岭长城之金山映日

筑女墙设望孔和射孔。墙面还加筑炮台和敌台，一般为方形，炮台和敌台上加筑铺房，现大部分铺房已塌落。

洪武元年（1368），为了加强北方的防御，明政府派徐达修筑长城所属重要关口，弘治十年（1497），蒙古鞑靼小王子向古北口大举进攻，京师震动。次年，右副都御史洪钟巡抚顺天府，修筑东自山海关，西抵居庸关一带长城。隆庆四年（1570），戚继光总理蓟州、昌平和保定三镇练兵事务，后晋升为右都督，加固山海关至居庸关城体，增筑敌台三千座。由此，边备修饬，蓟门宴然，数十年无事。

滦平域内长城遗址出土了大量文字砖。城墙上文字砖达上万块，有记录城砖烧造年代的，有记录修筑长城部队番号的，有记录长城补筑年代的，如“万历五年山东左营造”“万历五年宁夏营

↓ 金山岭长城之婉若游龙

造”“万历六年振虏骑兵营造”“万历七年德州营造”等字样；也有少量万历十二年、万历二十二年的文字砖。

金山岭长城还存有隆庆三年（1569）、隆庆四年（1570）为纪念戚继光部队官兵修筑长城事迹及地方官吏支持修筑长城一事所立的石碑。另有一个碑文记载了修筑该敌楼的时间是万历三十七年（1609），规格是周长八丈、高二丈七尺，顶部盖铺房一间，施工部队是宁山营。

↑ 金山岭长城上的将军楼

戚继光主持修筑长城之后的数十年里，明王朝又不断筹措财力、物力，调兵选将，加以修缮，使之成为一道坚固的防线。

在金山岭长城的保护及发掘中，一千多件器物出土，其中包括武器弹药和生活用品。武器弹药有火炮、石雷、手雷、刺马针、箭头、铁弹丸等，生活用品有石臼、石杵、菜刀、油灯、陶罐、瓷碗、酒具、铜币、石磨、香炉等。敌楼内发现了五个内装一斤火药的石雷，至今点燃仍能发出嗞嗞的响声。

金山岭长城雄伟壮观，气势磅礴，敌楼密集，建造奇特，结构多样，是研究明代建筑史最有力的实物例证。金山岭长城，虽经受战争炮火和时间的洗刷，至今仍如巨龙飞腾在绵延起伏的奇峰峻岭之巅。金山岭长城作为长城的组成部分于1987年被列入世界文化遗产名录，1988年被国务院批准为第三批全国重点文物保护单位。

喜峰口水下长城

喜峰口是燕山山脉东段的隘口，古时叫卢龙塞，汉在此设松亭关。明永乐年间重建关门并改称喜峰口，景泰三年（1452）筑城置关，关门楼高4丈，名为镇远楼，门楼两边构筑城墙并与万里长城相连。喜峰口自古就是交通要冲，为万里长城的重要关口、历史上的兵家必争之地。

喜峰口长城位于宽城县和迁西县交界处。宽城域内，明代长城宽城段东南与青龙满族自治县小马坪乡长城段首接，西与唐山市迁西县东城峪长城段尾连，总长约58公里，沿途跨越三条河、十多座山峰。除其中五段总长约11公里在迁西县域内、喜峰口横城子段总长约1公里在宽城县域内之外，其余均位于宽城与迁西交界处。由于这段长城在由东向西延伸过程中有一个90度角转折，故分南北走向段和东西走向段。在两大走向段中，长城在宽城、迁西两县交错出现，因此又各自产生了若干小段。

↑ 喜峰口长城

喜峰口关建筑结构十分独特，关有三重，三道关门之间由坚固的基砖墙连接成一体。城墙有六个接触点均有空心敌楼，西城墙与长城主体相连。出于军事上的考虑，喜峰口关建筑分为关城和城堡两个部分，城堡坐落在群山包围的盆地里，四面用条石砌成，非常坚固，城墙有两丈多高，关门上建有镇远楼。关城建在城堡北面，三面靠山一面临河，由“日”字形的三道套城组成，关与关之间由坚固的石基砌墙连成一体。古时无论是车马，还是行人，入关城都要通过三道门，可说是戒备森严，固若金汤。

↑ 喜峰口长城

“引滦入津”时在这里将滦河截留，建起一座大型水库——潘家口水库，喜峰口长城因库区储水而淹没。原来的长城被淹没在万顷碧波之中，在碧绿透明的水里，烽火台、敌楼垛口历历在目。万里长城不难见，但水下长城难以见到。古长城依山势而下蜿蜒入水，消失在潘家口水库库区的碧波之中，丰水期没于水下，枯水期露出地面，形成独特的水下长城景观。

木兰围场

木兰围场位于河北省东北部的围场满族蒙古族自治县域内的西北部，与内蒙古草原接壤，北临浑善达克沙地，距承德市区153公里，距北京384公里，距天津504公里，保护区地理坐标为北纬41° 47′—42° 06′，东经116° 51′—117° 45′，海拔高度750—1829米。

概况

木兰，是满语的音译，原意“哨鹿”。哨鹿是北方少数民族的一种狩猎方法，猎人潜入草木中，戴上假鹿头，口中吹木制或桦皮

↓ 木兰围场的丰收

制的长哨，模仿雄鹿求偶时发出的鸣叫声，引诱雌鹿前来。等雌鹿循声走近，猎人伺机射杀。清帝行猎时，也常使用哨鹿这种方法。“围场”一词满语音译为“辉罕”，这处规模宏大的皇家猎苑，如果全用满语音译，应为“木兰辉罕”，“木兰围场”一半用满语音译一半用汉语意译，是满汉结合的产物。

木兰围场的地理位置非常重要，它北控蒙古，南拱京师，左通盛京，右引察哈尔，地处漠南蒙古诸部中，又是清代前期北京通往蒙古、东北宁古塔以及尼布楚城的重要通道。在这里设置围场，可以方便接见、宴请少数民族王公贵族，以此达到团结北方民族、稳定国家边疆之目的。

木兰围场东西长125公里，南北宽122公里，整个围场外围都竖有木栅栏或在沟口植柳，俗称“柳条边”。场内设立八处营

↓ 木兰围场春耕

房，是八旗兵常驻地。以北部镶黄、正黄旗为中心，按两翼延伸形成闭合圈分布，即左翼为镶黄、正白、正蓝、镶白四旗，右翼为正黄、正红、镶红、镶蓝四旗，以此方位设在木兰围场四周各隘口处。

按照清朝规制，守卫木兰围场的八处营房分属八旗管辖。顺治后，镶黄、正黄、正白旗归皇帝统领，属皇帝的亲兵，因为皇帝又称圣上，所以称为上三旗。正蓝、镶蓝、正红、镶红、镶白为王公统领，被称为下五旗。满族人以北为正，上三旗驻扎在正北和东北，下五旗则分布在其他方位。每个营房各辖5个卡伦，共有40个，卡伦是满语“哨所”之意，每个卡伦都有固定名称，大都设在重要路口，驻守兵丁，分管一段围场边界。

围场域内根据围猎需要，依自然山势和禽兽分布情况最初划分为67围，后来逐步增加到72个小型围场。这些小型围场都以蒙古语或满语命名，各围场之间的距离多则二三十公里，少则一二十公里。皇帝轮流在小型围场行猎以利动物繁衍，维护生态平衡，永续利用。

辽代时，此处为辽帝避暑狩猎之所，有“千里松林”之称。清代这里为蒙古喀喇沁杜楞君王扎锡和翁牛特镇国公吴塔特的领地。1677年，康熙皇帝首次北巡塞外，看中了这块“万里山河通远徼，九边形胜抱神京”的地方。1681年，康熙第二次北巡，以“喀喇沁、敖汉、翁牛特诸旗敬献牧场”的名义划定了14000多平方公里的围猎场，这座清代的皇家猎苑就此建立，成为世界上第一个也是迄今为止规模最大的皇家猎苑。木兰围场作为皇家猎苑，自康熙二十年（1681）至嘉庆二十五年（1820）的139年间，康熙、乾隆、嘉庆三位皇帝共举行秋狝105次。

狩猎方式

当时的木兰围场，根据地形和禽兽的分布，划分为72围。每次狩猎开始，先由管围大臣率领骑兵，按预先选定的范围，合围靠拢形成一个包围圈，并逐渐缩小。头戴鹿角面具的清兵，隐藏在圈内密林深处，吹起木制的长哨，模仿雄鹿求偶的声音，雌鹿闻声寻偶而来，雄鹿为夺偶而至，其他野兽则为食鹿而聚拢。等包围圈缩得不能再小、野兽密集起来时，大臣就奏请皇上首射，皇子、皇孙随射，然后其他王公贵族骑射，最后是大规模的围射。

承德避暑山庄博物馆内有一幅《乾隆木兰秋狝图》，生动地描绘了清代围猎的壮观情景。围猎结束以后，在张三营行宫举行盛大的庆功告别宴会，饮酒歌舞、摔跤比武，并宴请蒙古等王公，按军功大小，予以奖赏。

木兰秋狝

木兰秋狝是清朝的国家典制，虽然只是在木兰围场举行的秋天狩猎活动，但它意义重大，弘扬了尚武之风，提高了军队的战斗

↑ 木兰围场

↑ 木兰围场

力。帝王率领皇子皇孙、文臣武将和民族首领，在木兰围场隆重举行“习武绥远”“秋巡”和“围猎”等活动，利用地形训练兵勇，部署战斗防御，以行围狩猎的方式演练军旅，提高部队战斗力。木兰秋狝堪称颇具声势的军事活动，首先，它是一次大规模的军事拉练。每年行围，清帝从京师启程，出古北口，行程八百里，时间近半个月。这支由皇家子弟、文武大臣、八旗官兵组成的特殊军旅，车驾人马数万计，一切事宜俱有保障，军纪严明。从热河至木兰围场，不论皇子皇孙、王公大臣，一律骑马，以示木兰围场就是战场，激励官兵不忘祖宗开创基业之艰辛。其次，木兰行猎是一次军事实战演习。每年秋狝的过程中，行军安营、登山涉水、布围合围、雨猎雪猎，以实战姿态，奔驰射杀，在围场中严格执行军纪，使八旗兵丁披荆斩棘，爬山越岭，不畏猛虎野豹，踊跃射杀，提高

↓ 木兰围场地标

了骑兵的适应性，锻炼了他们长途跋涉、吃苦耐劳、不畏风雪的军事素质，提高了行军野战、摧坚挫锐的攻击能力。

每次木兰秋狝或哨鹿，或行围，或围猎，皇帝及王公大臣都是在狩猎第一线，亲手搏杀。康熙皇帝对木兰秋狝最为重视，把举行木兰秋狝定为家法，雍正帝遗嘱“后世子孙，当遵皇考所行，习武木兰，毋忘家法”。

木兰秋狝通过秋狝活动，加强各民族统治阶级之间的联盟，巩固国家的统一。为加强对边疆地区各民族的管理与威慑，构筑护卫京都的要塞与屏障，清帝自端午至重阳要在承德驻跸多次，不仅召见接待（含奖、惩）蒙古、藏、回、维吾尔、哈萨克等民族的统治阶层，还商议处理民族事务，皇帝“驻营莅政，接见臣下，一如宫中”，用恩威并施的策略维护民族团结，巩固国家统一。

木兰秋狝是积极的边防政策，加强了北部边防。清朝初期天下虽一统，但生活在北部、西北部、西南部边疆的民族部落时有叛乱发生，且沙俄等常利用这种叛乱挑衅、分裂国土。华北平原连接蒙古高原的天然走廊关系着国家与京城的安危，而热河之地恰处于这个自然走廊的中部咽喉。木兰围场地形复杂，有高山、草原、峡谷、平甸、河川、洼地，尤为独特的是自然形成三面环山、中间宽阔草甸的围场。这种复杂的地形有利于训练满族和蒙古族骑兵适应各种地形的骑战技能。康熙在此地设置木兰围场，正适合练兵狩猎、办理政务，以加强北部边防。

秋狝衰落

木兰秋狝一般于八月举行，由12000名八旗官兵组成的秋狝大

↑ 木兰围场垦地

↑ 木兰围场林间

↑ 木兰围场草甸

军，浩浩荡荡。队伍最前边的乐队边行进边用大小铜角、铜鼓等乐器奏乐；其后是仪仗队，由数百人组成，各种仪仗交相辉映。皇帝一身戎装，骑在马上，御前侍卫、护卫禁军、王公大臣紧随其后，前锋营、健锐营、神机营、虎枪营等八旗亲兵在黄、白、红、蓝等八色旗帜统领下，整齐有序行进，充分显示皇帝的威严和国家的强盛。

清帝于五月或七月从京师启程，康熙四十七年（1708）以前途中一般不作长时间停留，直奔木兰围场，康熙四十七年承德避暑山庄建成后，清帝先驻跸避暑山庄，然后于八月上中旬去木兰行围。道光帝继位后，国力衰落，已经没有精力和财力举行秋狝大典了，清廷不得不于道光四年（1824）宣布盛极一时的秋狝礼废，从此木兰围场进入衰落阶段。同治二年（1863）即正式开围放垦，围场从此变成农牧林业的垦殖基地。

内忧外患使同治、光绪年间的清王朝风雨飘摇，奄奄一息，处于岌岌可危的境地。清廷不仅顾不上木兰秋狝这祖宗家法，反而要掠夺围场的资源以换取白银。且由于当时清政府政治腐败、经济萧条，加上连年战争、山火频繁等原因，造成了前清保存的大量原始森林被砍伐殆尽，生态平衡遭到了极大破坏，气候环境恶劣，围场变成山秃岭光、风沙弥漫、飞鸟无栖树的景象。这一时期，木兰围场天然林面积急剧缩减，动植物繁衍之地被破坏，水土流失严重。

2002年经河北省人民政府批准建立河北木兰围场自然保护区，2008年3月经国务院批准晋升为国家级，属森林和野生动物类型自然保护区。

↓ 木兰围场西龙头

塞罕坝机械林场

河北省承德市北部、内蒙古高原浑善达克沙地南缘，有140万亩壮美的绿色海洋，这里就是1962年建立的河北省塞罕坝机械林场，这里也曾是清朝著名的皇家猎苑木兰围场的重要组成部分。这片世界上最大的人工林海，是人类改造自然，建设生态文明的伟大创举！

“塞罕坝”源自蒙古语。“塞罕”是蒙古语“美丽”的意思，“坝”是蒙古语“达坝”之简称，是“山梁”“高坡”的意思，塞罕坝就是美丽的平缓的高原。塞罕坝独特的气候与悠久的历史，造就了这里特殊的自然景观和人文景观，这里有浩瀚的林海、广袤的草原、清澈的高原湖泊和清代历史遗迹。塞罕坝动植物种类繁多，

↓ 塞罕坝之林海远眺

目前已知的有高等植物81科、312属、659种，有以狍子为主的兽类11科、25种，有以黑琴鸡为主的鸟类27科、88种。

三百多年前，塞罕坝及周边地区是一处水草丰美、森林茂密、禽兽繁集的天然名苑。清朝初年，康熙巡幸塞外，看中了这块风水宝地，于1681年设立木兰围场，岁行秋狝，使这里成为清王朝展示军力、训练官兵、威抚外藩的重要场所，直至开围放垦前后延续一百八十多年。

清朝末年，由于国势衰微，内忧外患、国库空虚，木兰围场被开围放垦，从此开始了对森林的掠夺性采伐，加之山火的破坏，到新中国成立初期，原始森林荡然无存。当时塞罕坝仅有白桦、山杨为主的天然次生林19万亩、疏林地11万亩，生态环境严重恶化，昔日美丽的高岭变成茫茫的塞外荒原。1962年，为了改变塞罕坝地区的自然面貌，阻止内蒙古风沙南侵入京，建立华北地区中小径级用材林基地，原国家林业部在这里建立了直属塞罕坝机械林场。

从此，在这片土地上，一颗绿色明珠便悄然孕育，渐渐成长，冉冉升起。

艰苦创业

荒原广袤，气候恶劣。塞罕坝纬度高，海拔高，降雨少，低温多风，无霜期短，冬季长达7个多月。1962—1972年，11年里平均气温零下1.2度，平均降水417.6毫米，平均降水日110天，平均大风日数高达75天，平均无霜期42天。

塞罕坝机械林场建场初期，正值国民经济暂时困难时期，此

↑ 塞罕坝林间花丛之一

↑ 塞罕坝林间花丛之二

↑ 塞罕坝之秋

时的林场更是一切从零开始。全国19个省市24所大中专院校的127名毕业生和242名工人，告别家乡，来到这荒无人烟的塞外高原，开始了他们艰辛的创业历程。“渴引沟河水，饥食黑莜面。白天忙作业，夜宿草窝间。雨雪来查铺，鸟兽绕我眠。劲风扬飞沙，严霜镶被边。老天虽无情，也怕铁打汉。满地载上树，看你变不变。”当初创业者口中吟出的这首朴实的打油诗，记录了创业者的艰苦生活，也倾吐了他们的壮志豪情，遇挫弥坚，永不言败。尤其是育苗工作很艰难，物资条件有限，自建暖棚育苗，温控很难掌握，出苗率和成活率很低，技术人员克服困难，最终研究出高寒地区育苗技术。

1977年10月28日，塞罕坝机械林场经历了一次罕见的“雨凇”灾害，受灾面积40万亩，占当时有林地面积一半以上，其中折干、折冠、劈裂、严重弯曲重灾面积20万亩，损失成林5000多万株、蓄积30多万立方米。1980年塞罕坝机械林场又遭遇特大干旱，旱死树木12.6万亩。创业者们没有被压垮，而是更高地举起了改善生态环境的大旗，更加努力地坚持恢复生产和投入造林工作。

巩固成果

巩固成果，拓展空间。进入20世纪80年代，塞罕坝机械林场由以造林为主逐步转入以营林为主，确立了“以育为主，育、护、造、改相结合，多种经营，永续利用”的经营方针。在继续向石质山地、干旱沙荒攻坚的同时，突出以防火、防治有害生物为主的森林资源保护工作。加强森林抚育，促进森林生长发育，积极发展木材生产、生态旅游、种苗花卉等林业产业，使林区经济得到长足发展。

建设成果

时光飞逝，塞罕坝人坚持不懈地尊重科学、积累经验。塞罕坝人运用科学知识，大胆探索，勇于实践，解决了育苗、造林、营林一系列难题，成功地创造了在高寒地区营造大面积用材林的经验。塞罕坝机械林场1981年获国家计

↑ 塞罕坝之曲道初雪

↑ 塞罕坝太阳湖之一

↑ 塞罕坝太阳湖之二

委、科委、林业部、农牧渔业部联合颁发的“农林科技推广进步奖”，1990年被评为“全国先进国营林场”，1994年在全国4230个国营林场评选中脱颖而出，成为“全国科技兴林十大示范林场”之一。2000年河北省林业厅在塞罕坝机械林场建立了“河北省林业艰苦创业教育基地”，2001年国家机关工委在塞罕坝机械林场建立了“国家机关工委思想教育基地”，2002年国家林业局在塞罕坝机械林场建立了“再造秀美山川示范教育基地”。

时光飞逝，塞罕坝人坚持不懈地播种绿色。1962—2004年，塞罕坝机械林场共育苗5.03亿株，造林170.03万亩，保存113.52万亩，使昔日的塞外荒原变成了浩瀚的绿洲。

时光飞逝，塞罕坝人坚持不懈地改造家园。塞罕坝机械林场办公条件得到了根本改善，全场用上视频会议新技术，开通了网络，新建了森林防火指挥中心，用上了现代森林防火监控设备，共修筑林区公路530多公里，架设通信线路300多公里，职工住房也有了很大的改观，把昔日的旷野荒山，建成了美丽的塞外新城。

时光飞逝，塞罕坝人坚持不懈地培育人才。在培养和造就了一支特别能吃苦、特别能战斗的林业技术和管理队伍的同时，也源源不断地为全国林业战线输送各类建设人才。

第一代塞罕坝精神“勤俭建场，艰苦创业，科学求实，无私奉献”，是在塞罕坝建场三十年之际，由熟知塞罕坝建设发展历程的原国家林业部副部长刘琨同志总结提炼的。第二代塞罕坝精神“艰苦创业，科学求实，无私奉献，开拓创新，爱岗敬业”，是原国家林业局局长贾治邦于2010年6月在塞罕坝调研后，在第一代塞罕坝精神基础上凝练提升而成。2017年8月，习近平总书记对塞罕坝林场建设者感人事迹作出重要指示，河北塞罕坝林场的建设者们听从党的召唤，在“黄沙遮天日，飞鸟无栖树”的荒漠沙地上艰苦奋斗、甘于奉献，创造了荒原变林海的人间奇迹，用实际行动诠释了绿水青山就是金山银山的理念，铸就了“牢记使命、艰苦创业、绿色发展”的塞罕坝精神。这是习近平总书记总结出来的第三代塞罕坝精神。塞罕坝精神是以艰苦创业为核心，以科学求实和开拓创新为支撑，以无私奉献和爱岗敬业为价值取向的一个完整的精神体系，她既充满了塞罕坝人献身“绿色事业”的豪情壮志，又体现了塞罕坝人特有的理想追求。

第一代塞罕坝精神　塞罕坝林场建设初期生态破坏严重，1962年，一支由国家林业部带领、东北林业大学等多所院校组成的团队开始进驻塞罕坝荒漠。其中林场首任党委书记王尚海是第一代塞罕坝人的杰出代表，他带领一家人来到塞罕坝，积极投身于林场建设。“先治坡、后置窝”，以战天斗地、吃苦耐劳的民族精神，在荒漠上进行生态环境修复工程。第一代塞罕坝人拥有共同的信念决心，扎根于塞罕坝林场的建设中。塞罕坝人响应党的号召，认识到生态破坏带来的影响深远，在没有先进的科学技术支撑时，顽强拼搏、团结一致、不懈努力，钻研科学技术，解决高原高寒地区造林育林的难题，凭借坚强的意志展现出具有鲜明时代特征和极具活力的塞罕坝精神。第一代塞罕坝人，不畏天灾，勇于拼搏的精神，凝练出了最初的塞罕坝“勤俭建场，艰苦创业，科学求实，无私奉献”的精神。

第二代塞罕坝精神　塞罕坝林场初步建设成功后，20世纪80年代塞罕坝的森林旅游事业逐步开展。1983年塞罕坝林场将以建设林场为主要工作转变为以经营林场为中心、修建林场为辅助的新阶段，并开始探索和创新多种经营方式，将发展森林旅游作为二次创业的首要发展项目。塞罕坝国家森林公园于1993年获得批准进行建设，1999年塞罕坝森林旅游开发公司成立。2003年起，一批具有专业知识、致力于森林事业发展的大学生投身于塞罕坝机械林场中，运用专业知识抚育适合坝上生长的树种，加强防火防虫和资源管护。第二代塞罕坝人，在继承初代塞罕坝建设者艰苦创业、无私奉献精神的基础上，广开思路，展现新的发展方式。塞罕坝人的信念与实干集中体现为无私奉献，开拓创新，坚定信念，用实干写忠诚，体现了新时期建设生态文明的重要信念。为此，2010年原塞罕坝精神内涵被提升为“艰苦创业，科学求实，无私奉献，开拓创新，爱岗敬业”的精神。

第三代塞罕坝精神　在新时代的要求下，塞罕坝人始终秉持绿色发展的态度，坚持绿色发展、坚守绿色未来，落实习近平总书记生态文明建设的要求，实现生态价值与经济价值的和谐发展。塞罕坝人在荒原上成功建成了全国面积最大的连片的人工林海，加上深厚的历史文化底蕴，形成国家一级旅游资源。2017年，习近平总书记对塞罕坝林场的建设者们高度赞扬，总结提炼出新时代塞罕坝精神：“牢记使命，艰苦创业，绿色发展”。

塞罕坝林场的建设成功，为我国生态文明建设提供了成功示范，是对“既要金山银山，也要绿水青山”“绿水青山就是金山银山”的生动诠释，体现了人与自然的和谐发展，对落实绿色发展观、推动绿色发展具有重要意义。

通过森林资源保育和生态环境治理，塞罕坝机械林场将建立起生态林与商品林协调发展、森林与野生动植物共生共荣的完备生态体系，重现木兰秀美山川，保障京津生态安全。

通过产业基地建设和龙头企业培育，林场将建立起以木材生产为主，森林旅游、种苗花卉多业并举的发达产业体系，繁荣林区经济，造福一方百姓。到2020年，全场产业总收入达到8000万元，非木材产业收入达到50%。

通过基础设施建设和社会事业发展，林场正努力建设成为经济发展、职工富裕、人与自然和谐相处的现代化林场。2017年12月塞罕坝机械林场获得联合国环境保护最高荣誉“地球卫士奖”。塞罕坝机械林场，这颗华北的绿色明珠，必将放射出更加璀璨夺目的光芒！

↓ 塞罕坝月亮湖

中国民间文化遗产抢救工程
THE PROJECT TO CHINESE FOLK CULTURAL HERITAGES

特殊的区位和地理环境，决定了承德文化遗产的多源性、独特性和多样性。承德市2006年开始在全市启动非物质文化遗产资源普查工作，迄今共普查到民间文学、民间音乐、民间舞蹈、民间工艺美术等资源项目195项。这些文化遗产是博大、深邃、丰厚、精致的，是承德的精神家园，更是承德的文脉。

↓ 隆化县章吉营村霸王鞭表演

第三章

非物质文化遗产在承德

↓隆化满族二贵摔跤

非物质文化遗产记录着人类社会生产生活的方式、风俗人情、文化理念；非物质文化遗产蕴藏着世界各民族的文化基因、精神特质、心理结构和价值观念。非物质文化遗产是全人类共同的宝贵财富。

五千年的红山文化和三百年的山庄文化孕育了承德独具特色的历史文化，也留存了独具特色的文化遗产。这些文化遗产是博大、深邃、丰厚、精致的，是承德的精神家园，更是承德的文脉。

特殊的区位和地理环境，决定了承德文化遗产的多源性、独特性和多样性。承德市2006年开始在全市启动非物质文化遗产资源普查工作，迄今共普查到资源项目195项。包括民间音乐、民间舞蹈、民间文学、民间工艺美术、民间戏剧、民间曲艺、民间手工技艺、民间杂技、民间游艺和传统体育与竞技、民间信仰、人生礼仪

↓ 避暑山庄德汇门前民俗表演

和消费习俗等类别。

在承德区域内，表演艺术类非物质文化遗产内容丰富多彩，二贵摔跤、宽城背杆、丰宁满族吵子会、蝴蝶舞、竹板落子、燕山大板、八大怪、中幡、蹦跶会、热河二人转、清音会、寺庙音乐、避暑山庄皮影、棉花鬼、抡花等活态文化遗存，共同展示了承德地域民族风韵和民间艺术的绚丽多姿，共同体现着承德地域民间表演艺术的多民族相互融合、相互认同、共生共存的特点。

↑ 承德市非物质文化遗产展演

在承德民间工艺美术类非物质文化遗存之中，如传统绘画、传统雕塑、民间剪纸、宫廷刺绣、山庄挂锦、布糊画等，色彩与线条巧妙结合，携带着历史与文化的气息，凝聚着先人的智慧，体现着承德地域多民族的审美情趣和艺术水平，传承和复制着承德人民对美的追求和向往。

通过非物质文化遗产普查、发掘和保护，把这些文明碎片收集聚拢起来，进行文化寻根，唤醒民众文化意识，促进文化创造。正是基于这一思想的引领，承德市非物质文化遗产保护工作已取得阶段性成果，在全市实施了鼓励扶持民俗文化企业，开发非物质文化遗产文化产品产业工程，使一批非物质文化遗产项目在市场经济条件下获得生机，带动了相关产业的发展，也为非物质文化遗产传承开创了新天地。

承德清音会

承德清音会是以演奏避暑山庄宫廷音乐为主的民间业余音乐组织，已有百年历史。2010年5月18日，文化部（现为文化和旅游部）公布了第三批国家级非物质文化遗产名录推荐项目名单（新入选项目），河北省承德市申报的“承德清音会”入选，被列为传统音乐项目类别的非物质文化遗产。

↑ 1939年老热河清音会在避暑山庄楠木殿合影

关于承德清音会的传说耐人寻味。据传，明朝末年，苏州乐工韦兰谷曾将他从明代宫廷中习得的宴享丝竹乐传入清宫。乾隆年间，南府（北京皇宫里的音乐机构）太监陈九公，精通音律，技艺高超，因获罪被贬到避暑山庄供职，闲暇时自发组建了业余乐队。乾隆皇帝来避暑山庄听了他们的演奏，十分欣赏，于是免了陈九公的罪，并下令成立避暑山庄的南府行署。承德位于河北省东北部，距北京224公里，历史上曾是华北通向内蒙古草原的主干线、漠北的交通要道，是清代康乾鼎盛时期的陪都、第二个政治文化中心。基于上述因素，承德清音会音乐呈现了汉族宫廷音乐与满族及其他少数民族音乐的复合形态，充分体现了清朝统治者“大统一”的政治理念，是中华民族音乐文化的重要遗存，对弘扬中华民族优秀传统文化、促进中华民族文化认同有着重要的意义。

承德清音会作用纵横古今。清朝皇帝常在承德避暑山庄处理朝政和接见外国使节，封建礼乐必然伴随中央首脑机关转移塞北而动，这里既有前朝典雅的典制之乐，也有后苑行宫供游艺娱乐的富于民族民间气息的幽雅纤细之乐。避暑山庄后宫的娱乐性音乐——清音十番，是后宫细乐的遗存，源于明末清初江南丝竹细乐。后“南十番”逐渐演化为由太监代代相传的“北十番”，薪火未断。清政权结束后，原南府派出机构——热河南府行署乐师王子仲、唐锡福因生活窘迫，难以为继，将原升平署所演练的娱乐性音乐“清音十番”传到宫外。1920年原热河内务府官员子弟和音乐爱好者组成有志于传承这种音乐的团体“承德清音会”，人员最多时达到40余人。活动最初在士绅家族庭院自娱自乐，后来发展到社会上演出，深受世人赏识。

↑ 清音会演奏乐器“匙琴”

承德清音会风采熠熠生辉。资料显示，清音会现存有“承德清音会奉奏乐谱”“承德清音会16首乐谱”“承德清音会十番古谱”“承德清音会乐谱”4个版本16首乐谱。这种由民间艺人带入宫廷，后又脱离宫廷回到民间的音乐，既有鲜明的宫廷色彩，又有浓郁的民间音乐风格，典雅端庄中不失优美。承德“清音十番”音乐是中华民族社会历史活动的遗存，被艺术界称为“活化石”，具有其他文物不可替代的作用与价值。

↑ 清音会在演出

丰宁满族吵子会

丰宁满族吵子会又称唢呐艺术，是丰宁满族自治县独有的民间传统音乐，2008年被列入国家级非物质文化遗产名录。

沃土生大雅。承德丰宁满族自治县地处塞北，历史上曾是少数民族游牧区。丰宁是在清顺治年间颁布《圈地令》以后开发的地区，当时由8位满族贵族到此圈地居住，故得名八间房。丰宁满族吹打乐曲吵子会已有近三百年的历史，分布于八间房、窄岭、石人沟、天桥、塔沟、长阁、凤山、选营、后营等十余个村落中。八间房吵子会兴于清乾隆年间。当时乡绅贵族为顺应清王朝对文化的要求，开始在八间房村兴修园广寺和对庙的戏楼，同时开始举办庙会，并从山东登封府请来教师，教授吹打乐曲吵子会及民间花会寸跷、蝴蝶、小秧歌。

融汇创奇葩。吵子会分为“吹打曲”和“杂曲”两种，以唢呐、打击乐器为主。全部演奏分为“起鼓”“凤阳歌”“柳新年”“鼓楂子”“斗鹌鹑”“祭腔”“扫地风”“结尾”等16个部分。整个乐队由2名唢呐吹奏者和10名打击乐演奏者组成，其中皮锣演奏员是乐队的指挥。吵子会的曲牌大多是满族音乐，有的曲牌可以单独演奏，有的为民间花会伴奏，有的用于当地红白喜事。在长期流传过程中，丰宁满族吵子会融汇吸收了其他一些姊妹艺术，形成独特的音乐风格，既有北方音乐的剽悍、劲健、畅旺，又有中原地区音乐的柔美、和谐、细腻。吵子会没有固定的演唱场合和演出时间，除年节固定活动外，多为各档花会伴奏，

↑ 丰宁吵子会表演之一

还常常在婚丧嫁娶、满月寿诞、开张开业等场合演奏。

和合晓天下。吵子会是丰宁独有的民间器乐曲，它深深扎根于民间，在长期流传过程中不断完善自己。它对研究北方民族民间音乐特别是吹打乐的形成发展起到了重要作用，经过整理的满族吵子会已辑入《中国民族民间器乐集成·河北卷》。丰宁满族吵子会作为和合文化的显著特征，越来越彰显着鲜活的生命力，因为，和合文化作为中华民族优秀传统文化的代表之一，既纵向贯穿于中国文明发展史的全过程，又横向散落在各家各派的思想文化中，成为传统文化最具生命力的精髓之一。

↓ 丰宁吵子会表演之二

丰宁横河蒙丁演武

横河是丰宁满族自治县南关蒙古族乡的一个行政村，地理位置优越，也是自古以来的兵家必争之地。全村百分之七十的村民是蒙古族，因此，蒙古族物土风情、生活习俗得到充分的传承，比如摔跤、武术等，当地有名的“横河蒙丁演武”就是其中之一。据记载，清朝康熙年间，作为“满蒙一体”的蒙古族将士在退役后从发祥地东北的白山黑水来到丰宁的横河安家落户。横河在当时也算得上是军事要地，这些退役的蒙古族士兵也曾是驰骋疆场的勇士，他们性情豪爽，有勇有谋，在横河一带扎根落户后，为了生活，一面开荒种地，一面在水草丰盛的地方放牧牛羊；同时为了强身健体、保家护院重新狩猎习武，等到了年节，就以武会的形式进行表演庆贺，既在相互切磋中提高了本领，也让大家开了眼界。就这样一代

↓ 丰宁横河蒙丁演武之一

一代地流传下来，形成今天独具蒙古族特色的“横河蒙丁演武”。

“横河蒙丁演武”流传到今已经三百多年了，经过历代演武者的传承与创新，这项活动不但没有中断，内容上还有所增加，即除了武打，还增添了蒙古族为了防御边疆侵犯土匪骚扰的“鼠六毛”“二魁摔跤”等真打实拼的节目。

↑ 丰宁横河蒙丁演武之二

蒙丁演武属于蒙古族传统项目，在南关蒙古族乡世代传承，和蒙古族摔跤、武术也有着紧密的联系，尤其是到了蒙古族传统节日盛会——那达慕，必定到场参加表演。蒙丁演武有简洁易懂的特点，技巧花样繁多，真打实砍，动作猛烈，招式熟练，观赏性强，适宜面向大众普及推广，因为自身带有浓厚的民族特色，增加了对大众的吸引力。尤其在表演中体现出来的那种勇猛、刚强、豪爽的性格，修身养德、坚持正义、敢打敢拼、救危济困的精神，赢得百姓尊重。横河的蒙古族人在长期的农耕、游牧、狩猎活动中，为了保家护院、保境安民、驱逐外敌，在武会项目上增加了许多更有助于实战的科目，融入了很多南关一带地方特色和蒙古族习俗，使得这一演武项目将实用性、竞技性、健身性和娱乐性融于一体。演武中丰富的内容：砍、杀、扎、爬、滚、打等招式独具特色，已经形成一整套对打体系，它以蒙古族传统武术为基础，加进戏剧、蒙古族娱乐打斗因素，形成一个具有蒙古族风情的艺术流派，并被发扬光大。这种艺术形式，既发挥了浓厚的民族特色又贴近百姓生活，成为当地民间文化的一部分，2013年被列入河北省非物质文化遗产保护名录。

隆化满族二贵摔跤

二贵摔跤由满族竞技类体育项目中的“布库”演化而来。它是一种满族民间道具舞蹈，也是满族的传统体育表演项目之一。摔跤在满族有着悠久的历史，它既是宫廷贵族的娱乐形式，也是满族人民广为爱好的体育活动。二贵摔跤就是满族人民把传统的摔跤活动演变为表演艺术的结晶。二贵摔跤的来历说法不一，据民间艺人传说，是有人根据清康熙利用宫中贵族少年摔跤手除掉奸臣鳌拜的传说故事创编了此舞蹈。为庆祝这一壮举，民间艺人制作了两个少年侍卫支架摔跤的道具模型进行玩耍，逐渐成了人们喜庆丰收、欢度佳节的花会行当。因摔跤手是满族显贵子弟，二贵摔跤由此得名。又因人们称民间花会为“丑”会，为了吸引观众，将道具人由俊脸变成丑脸，所以又称其为“二鬼摔跤”。

据摔跤艺人刘广林听其叔父刘顺说，清道光初年，石灰窑沟有一个孤寡老人，人称郑四爷，是个旗人，以种瓜为生，他表演二贵摔跤有很多高招，特别是抡、转、滚等动作，跟刮旋风一样，让人眼花缭乱，高潮时摔到一张桌子上也掉不下来。每年村里办会他都是自己背着“二贵摔跤”架子，就是不教徒弟，人送外号“绝户头”（孤身一人无儿无女）。为了学到他的技艺，刘顺每天起早摸黑地帮着郑四爷修理瓜园，最后终于感动了郑四爷，才把二贵摔跤传给了他。刘顺又传给了儿子刘广友、侄子刘广林，到魏万金、崔九儒、沈怀义时已是五代相传。

二贵摔跤是道具舞蹈。道具是用木方和塑料管制作成架，用泡沫板或木头制作成双人头形，用黄草或海绵制成人体，固定在架子上。表演者在表演时，将木制摔跤道具绑在背上，双腿全蹲，双手倒穿一双薄底布靴，用两只胳膊扮演对方的两条腿，着不同颜色的服装，在打击乐伴奏下，手足并舞，以抡、转、滚、扫、磕、绊、支架子等摔跤动作，一个人活灵活现地表演两个满族武士摔跤的场面。它要求表演者不仅要有高超的技艺，还要有清醒的头脑，手脚密切配合，使道具和下肢动作协调一致，动则像拼搏角斗，静则像僵持较劲；抡则像旋风扫地；滚则像抱团摸

↑ 隆化满族二贵摔跤之一

↓ 隆化满族二贵摔跤之二

爬。二贵摔跤没有完整的表演套路，它是根据场地的大小即兴表演，场地大，可表演抡、转、滚；场地小，可表演支架子、下绊子、扫堂腿等动作。二贵摔跤是武乐伴奏，主要乐器有大锣、哑钹和大眼底鼓（戏曲底鼓将中间的眼儿掏大），伴奏者要随着表演者动作的快慢起伏，进行轻重缓急的现场伴奏，表演者将围子撩起亮相时，表演到此结束。二贵摔跤表演强悍有力，动作诙谐幽默。如果是集体表演，更是气势恢宏，场面壮观，极具观赏性和独特的艺术魅力。

在我国其他民族，也有类似二贵摔跤形式的二人摔跤。二人摔跤与二贵摔跤从道具制作、表演风格上都有很大区别。二贵摔跤的道具造型是两个搭肩支架，道具人较矮，表演者双手倒穿一双平底靴子，双腿全蹲，双手拄地，形成两个小矮人支架摔跤的姿态，表演者将道具牢牢地绑在身上，抡、转、滚、举动作幅度大而剧烈，因表演者双手直接拄地，所以表演起来活动自如。二人摔跤则不同，它的道具造型是两个人相互拥抱，道具人高大，表演者手拄一双高靴和腿形成比例，像两个真人摔跤一样。由于表演者受拄靴子的制约，动作局限性很大，只能表演一些像真人摔跤的下绊子、抡摔倒地等动作。二贵摔跤追求的是虚拟夸张的表演性；二人摔跤追求的是形似摔跤的真实性。虽然都是道具舞蹈，但各自有着不同的民族特色和艺术风格。

二贵摔跤极具观赏性、趣味性，成为民间花会表演中的压轴好戏，尤其是被评为省级传承人的王大中将其加工改编为集体表演项目后，服装华丽，场面壮观，显得更加气势恢宏，深受人们喜爱。2008年满族二贵摔跤入选国家级非物质文化遗产名录。

宽城背杆

宽城背杆，俗称“背歌”，是一种上下演员合作表演的传统民间舞蹈，是宽城满族自治县所特有的一种艺术形式。

宽城满族自治县区位通达，背杆顺势而成。宽城背杆主要流传于宽城满族自治县的宽城镇北村。相传，背格格儿装束为清朝格格形象，所以只有女孩儿才可以参加。据老艺人回忆，宽城背杆起源于清中期，兴盛于20世纪初期。由当时宽城老爷庙庙会兴起，20世纪初期山东小炉匠（锯锅锯碗小艺人）再度改良精进并传承，从此宽城背杆兼有民间艺术形式的鲜明特点，尤其以道具精良讲究、手法制作细腻独到而为世人称奇叫绝。

宽城背杆道具考究、演绎精彩。宽城背杆道具制作精细，上下角绑缚极其讲究，如《算粮登殿》的算盘，《火洞天》哪吒双足踏的风火轮，《麻瑞献寿》的鲜桃等13架道具，都是精打细磨，巧夺天工，无不令人称奇。宽城背杆曾吸引大批民间艺人前来观摩、取经，但大都只取其表，难取其神。宽城背杆的平均重量26.5—27公斤，好的背手一副架最多负重200余斤（顶负三四名扭童）。现今架杆均为铁架，上下杆绑缚要求极高，尽量避免摩擦、挤压。上下角以活动

↑ 宽城背杆之一

自如、安全可靠为前提。表演时打叉、挑凳者若干人紧随其后，后勤等各尽其职，责任分明。宽城背杆行头均为戏装，配乐与其他各会种不一样，打击乐分两面鼓，一面为皮鼓，另一面为底鼓、苏锣、哑钹子等，演奏京剧鼓乐，唢呐吹奏只有一种曲牌《将军令》。

宽城背杆入选“国宝”名录，名扬天下。宽城背杆场面宏大，表演时两对龙凤旗、一对黄锣伞头前开道，黄锣伞下红色竖幅上印有会首、传承艺人以及13架背歌表演者名录。2008年宽城背杆入选第二批国家级非物质文化遗产保护名录。2014年宽城背杆在中央电视台国防军事频道《乡土》栏目播出。宽城背杆曾多次参加宽城县的大型展演活动。

↓ 宽城背杆之二

霸王鞭

隆化县“霸王鞭”又称为“地落子”，是流传比较广泛的一种民间舞蹈，源于隆化县章吉营乡章吉营村。目前资料信息都认为霸王鞭兴于清朝道光年间，迄今已有二百多年历史。据考证，章吉营村的“地落子”是村中武、邹两姓祖传的民间花会社火，后来分为南北两派，即南大落子、北大落子。20世纪80年代初，章吉营村中断的民间花会重新兴起，南大落子由邹润、武昆、武玉文、白中信等为代表，扮相为丑婆、丑公；北大落子以马贵德、武场、钱福清、刘宝贵为代表，扮相相对年轻。现在原汁原味的莲花落子在章

↓ 隆化县章吉营霸王鞭表演者在慈云寺内黄河灯门口合影

吉营村依旧流传，马立国、马立军、侯占峰等作为北大落子马贵德的徒弟，每年正月十五会聚在一起表演，至今已有三十多年。章吉营村的慈云寺戏楼建于清朝雍正年间，章吉营正月十五庙会流传得更久，由此推断，霸王鞭出现的时间可能更早些。

“霸王鞭”所用的表演道具，旦角用的是竹板，丑角用的是“棒子鞭”。它一般是采用章吉营当地山上的“黑橡子木”制成，长度约1.2米，经过熏烤蒸出水分后，均匀地以中间为中心两端各钻4个方孔，总计钻8个孔，每孔安铜钱2—3枚。表演时两边端头系上绸子，舞动起来，绸子飘舞，铜钱伴着舞动的节奏发出清脆的撞击声。

章吉营霸王鞭基本表演人数为4人，化装后为旦角2人，丑角2人。表演开始由锣、鼓、钹三种乐器伴奏，4人先走圆场，而后再进行“龙摆尾”“套葫芦”“绕十字”“串黄瓜架”“绕八字”“倒脱靴”“编排子”等固定表演走场套路。如同艺诀所讲：夹胯提气稍含胸，耸扣错肩要放松，戳鞭有力用脆劲，双膝弯曲有弹性，打鞭必须有力度，风格体现技巧中。

霸王鞭（地落子），1983年编入《中国民族民间舞蹈集成》之河北卷（中国舞蹈出版社1989年出版）和承德分卷（河北省承德地区行署文化局1989年出版）。1984年，经过承德市、隆化县文化工作者的挖掘整理，不断对霸王鞭（地落子）进行改革创新，在保持霸王鞭传统艺术风格和精华动作的同时加入新的时代元素，发挥更大的魅力。目前，“霸王鞭”已经成为隆化县全民健身和民间舞蹈普及的保留项目，形成地域民间花会文化艺术的独特景观。2013年霸王鞭被列入河北省第五批非物质文化遗产名录。

丰宁满族剪纸

丰宁满族剪纸，作为河北省剪纸中重要的流派和分支，是河北省民间剪纸重要组成部分。丰宁县地处塞北，很早以前就是少数民族与汉族聚居的游牧区。丰宁腹地广阔，地形多样，有燕山峡谷、坝上高原，有大滩草原，也有凤山及天桥窄岭的米粮川，因地域广阔成为河北省第二大县。据记载，丰宁满族剪纸始于清朝康熙年间，集中体现满汉民族融合的历史发展过程。又因它充满乡土气息、融入百姓生活、体现满族特色、赋予喜庆祝福寓意而深受百姓喜爱，是和刺绣、雕刻等艺术门类一起列入世界文化遗产名录的艺术品类。

剪纸常用工具为剪刀、纸、铅笔、大头针等。工序分为三步：起稿、单剪或折剪，染色或拼接。剪法有两种：直插刀法和开口刀法。丰宁剪纸也被称为“炕头上的剪纸”，因其制作简单、不占用场地，为自娱自乐的民间艺术形式。丰宁满族剪纸的主要特点是以阳刻为主，阴刻为辅，劈毛纤长、技法精细。主要内容以窗花、礼花、满族节

↑ 丰宁剪纸大师张冬阁剪纸作品《满族婚礼》

↑ 丰宁剪纸大师张冬阁剪纸作品《戏曲集锦》

↑ 丰宁剪纸大师张冬阁在剪纸创作中

令、民俗为主，地域、民族特点明显。清末至民国初期，剪纸流行广泛，几乎村村都有剪纸匠。每逢春节，剪纸艺人们凑到一起展示手艺，切磋技艺，也促进剪纸向贴近、融入老百姓生活方面发展，进而形成每逢年节家家户户贴窗花、粘挂签儿的风俗，让剪纸成为人们生活密不可分的一部分。

丰宁满族剪纸从内容上可分为吉祥祝福剪纸、花鸟鱼虫剪纸、山水风光剪纸、人物剪纸、盆篮碟盘瓶剪纸、瓜果蔬菜剪纸、十二属相及其他动物剪纸、花字剪纸等种类。从表现形式看，它包括单色剪纸（红、白、粉、

↓ 剪纸传承人石俊凤为孔子学院游学承德学生讲课（地点：石氏剪纸艺术馆）

黑）、点染剪纸、填色剪纸、复色组合剪纸等品种。2006年，丰宁满族剪纸被列入国家级第一批非物质文化遗产名录。2009年丰宁满族剪纸被列入人类非物质文化遗产代表作名录。

丰宁满族剪纸的主要传承人为国家级传承人张冬阁，省级传承人石俊凤等。

张冬阁（1954—），男，满族，丰宁满族自治县人。首批国家级非物质文化遗产项目剪纸（丰宁满族剪纸）代表性传承人，中国民间文艺“山花奖”获得者，国家级工艺美术大师。代表作品有《戏曲人物集锦》《百福图》《满乡情思》等。

石俊凤（1965—），女，满族，丰宁满族自治县人。丰宁满族剪纸省级代表性传承人，省级“工艺美术大师”；中国民间文艺“山花奖”获得者，曾荣获第四届中国剪纸艺术节金奖；中国民间文艺家协会会员、河北省民协副主席、承德市民协主席。代表作有《献礼》《承德风光》《普天同庆》《中国心》《圣火》《吉祥四条屏》。

↑ 石俊凤作品《献礼》在1999年庆祝建国50周年全国剪纸展览中获金奖

↑ 石俊凤作品《福禄寿》在1996年首届全国民俗剪纸大奖赛中获得一等奖

滕氏布糊画

据史料记载，1635年满族人进入丰宁，后来顺治入关时期清军大量涌入。康熙时期为了巩固要塞，派八旗兵驻守丰宁。因为满族服饰特点，靴、帽、官服的前胸、后背、袖口、弓囊、荷包等处都需要进行“补花”。何为“补花”？当时北方既不能养蚕，也不会织锦，更不会刺绣，为了装饰服装、鞋帽、弓囊、箭壶、荷包、烟口袋等，以不同颜色布料为面，以棉毛充填，用针线缝制花卉图案、兽头、怪脸，用彩墨勾画，补在衣服、鞋帽等物件上，传统称之为“补花”。其实补花这项技术最早可追溯到女真时期，起源于

↓ 滕氏布糊画代表作《和平昌盛图》

北方的游牧民族。在努尔哈赤称汗时，官员胸前背后的方形品级标志被称为“谱子”，后又叫补子，直到进京后才改用刺绣，但仍称为补子，后来需求量大增，也就促进这门技艺的快速发展。据说，“滕氏布糊画”就是在满族传统补花的启迪下创造出来的一种新工艺。

滕氏布糊画是由丰宁满族自治县国家级民间工艺美术大师滕腾先生所创，堪称现代中国民间工艺园中的一朵奇葩。这一新画种刚一问世就引起轰动，被誉为“中华百艳，华夏一绝”。它的创作技法集绘画、雕塑、唐卡、剪纸、刺绣、堆绣、浮雕、景泰蓝等各种工艺之精华于一体，既有油画的立体效果，又不失国画的特点；既有工笔重彩之观感，又突出布糊画之风格。用材以绸缎绫绢、金

丝银线为主料，辅以珠花、首饰、丝绒、海绵、木料、纸板等材料，集刻、剪、编、结、绣、叠、绘、染、镶嵌、掐丝、绲边、黏糊、裱褙、装饰等诸多工艺之大成，精工细作。简者三五方圆巧拼而就，繁者则以上万块材料组成。人物花鸟、山水鱼虫、神佛鬼怪无不栩栩如生，惟妙惟肖。布糊画形式既有平面浮雕效果的，也有立体浮雕式的，可悬、可放、可挂、可立，是点缀居室、布置厅堂的绝佳工艺品。如《天下第一布糊寺》布糊画，设有“大雄宝殿”“天王殿”，其中包括三世佛、十八罗汉、弥勒佛、韦驮、四大天王及佛光、莲台、彩杠、供器等寺庙殿堂设施。布糊画全套图纸1214张，共分解为237500余块，用料216种，经42人用了16个

↓ 滕氏布糊画《布老虎》

月研制而成。

滕腾大师一生获奖无数。2003年由联合国教科文组织与中国民间文艺家协会同时授予“中国民间工艺美术大师”称号。2004年获得中国民间文艺“山花奖”个人成就奖。2006年经国务院批准，由国家发改委、文化部、监察部、人事部等九部委组织评选、初审、复审后，授予“中国工艺美术大师”称号。滕腾大师创作丰富，其代表作有《天下第一布糊寺》《九龙壁》《九凤壁》《凤凰宝相瓶》《大威德怖畏金刚》《和平昌盛图》等。其中《凤凰宝相瓶》以瓷瓶为胎，全部以真丝双皱面料糊成瓶面，通过艺术处理，整体特点为无接缝，无褶痕，也是布糊画的奇异技巧之一。此作品收藏于人民大会堂河北厅。

↑ 滕氏布糊画代表作《凤凰宝相瓶》

滕腾先生除了创作出许多布糊画精品，还一直在做着收徒传艺工作，除滕氏家族子弟外，也有外姓亲传弟子数名，现在他的这些传承人都在继续着这项事业，使之发扬光大，尤其是通过公司运营方式，实现布糊画艺术品牌的推广与升值。

↑ 滕腾大师在创作

民俗是人们在日常生活中靠口头和行为方式传承的一种文化模式，是一种重要的文化信息。承德民俗在婚丧嫁娶、服饰饮食、日常生活礼仪及民间信仰诸方面，都能看到满族、蒙古族、汉族等民俗文化相互交融的现象。同时，民俗也会随着社会的进步、生产方式和生活环境的改变而不断发生变化。

↓ 秀恩爱

第四章
地方习俗

↓ 舞出青春来

世界上凡是有人类活动的地方，便有民俗文化的存在，民俗文化是人类文明的影像。承德地域上自从有人类活动的那一刻起也就有了民俗文化。这块土地上最早有人类活动的范围，大概就是平泉老獾洞古人类遗址和鹰手营子四方洞古人类遗址了。在那里我们看到了五万年前承德原始人群的活动身影；到了五千年前的红山文化时期，在承德围场、赤峰翁牛特出土了用玉石雕刻的龙，称为“玉龙”或“玉猪龙”，可谓最早的民间信仰中华龙图腾的崇拜。而在一千多年以前，那个仅存续了二百多年的契丹民族在这块土地上留下了许多民俗文化的痕迹。比如那些坐落在水流不远处的、或黑或白的毡庐一概面南而居；住地上停放着的三轮毡车，毡车长辕高轮粗辐，车后部有毡棚，花饰门帘；契丹男人头顶部毛发是剃光的，仅留两鬓垂至肩部；他们的饮食以肉类、乳品为主，辅以粮米、蔬菜、水果；还有他们古奥的契丹文字、简朴淡雅的契丹壁画、意蕴迷人的辽瓷、带有契丹符号的地名；等等。而近几年，又一个曾经在承德区域内驻足的北方少数民族的踪迹在滦平县被发现，这就是起于燕北的山戎。地处燕山山脉中段，潮河、滦河两大河流中游的滦平县，历史上正是山戎最重要的活动区域。滦平县出土的蛙面人身石像、蛙形铜饰件及直刃匕首式青铜短剑等文物堪称山戎文化的标志物。这一项项来自远古的民俗事象，让我们依稀看到了曾经的人类在这方土地上生活的气息与身影。

承德民俗文化基本形成定制是在清朝建立以后。譬如，农业生产方面，当时的清朝统治者为解决各级官吏以及满族、蒙古、汉军八旗俸银和粮食的需要，在京畿五百里内遍设皇庄，因而将许多满族人从以狩猎为生的生存状态转变为以种地为主的生存状态，同时也使承德区域的土地从原来的少数民族游牧地发展为农业区或半农业区。

又譬如，康熙皇帝当年的“肄武绥远”的战略思想以及承德陪都的特殊历史环境，也影响到了承德市区民居建筑风俗的形成，即豪华气派的王公大臣府邸成为承德市区的主要建筑风格。还譬如，旧时承德街上满族人开的饭庄，在二楼楼下要专设一个挂鸟笼子的横杆。因为满族人有养鸟的习俗，到哪儿都要提着鸟笼子，到饭庄来吃饭也不例外，所以满族人开的饭庄，每遇到提着鸟笼子的客人，跑堂的就得立刻迎上去，把鸟笼子挂到二楼楼下专设的横杆上，客人一边用餐，一边又可听到鸟的鸣叫声，这种别有一番情趣的民俗风情大约只有在承德才看得到。

此外，在婚丧嫁娶、服饰饮食、日常生活礼仪及民间信仰诸方面，都能看到满、蒙古、汉民族民俗文化相互交融的现象。

民俗是千百年来民众所创造的一系列知识和认识系统，是人们在日常生活中靠口头和行为方式传承的一种文化模式。它会随着社会的进步、人们生产方式和生活环境的改变、历史的变迁而不断变化。

当社会进入高科技时代，人们的衣、食、住、行方式都有所改变，很难形成一种固定不变的民俗规范。从细节来看，变化较大的，如服饰方面，每一年每一季都发生着新变化；居住方面，传统住宅被小区住宅取代，单元住宅的居民越来越感到自己成为“小国寡民”，邻居锅碗瓢盆之声相闻，却“老死不相往来”，“远亲不如近邻，近邻不如对门”的旧民风已很难体味得到；又比如我们儿时玩的那些民间游戏都已因生活环境的改变而不复存在，取而代之的是高科技时代的网络游戏。

岁时习俗

春节

在中华民族众多的传统节日里，最热闹、最隆重、最受重视的就是春节。承德的春节民俗活动包括节前准备和节日期间两个阶段。曾有这样一首民谣十分形象地描述了承德的春节民俗活动："二十三灶王老爷上天，二十四写对子，二十五做豆腐，二十六煮大肉，二十七杀公鸡，二十八把面发，二十九贴灶友，三十晚间靠一宿，初一初二走一走。"

春节前备年习俗 春节前赶大集办年货，是承德人过春节时必不可少的一项重要活动。旧时有首歌谣："新年到，新年到，丫头

↓ 承德春节的年货市场

要花，小子要炮，老奶奶要双裹脚布，老爷爷要顶新毡帽。”每年从农历腊月十五到三十上午，每天都是货摊遍地，叫卖声不断。赶集办年货的人，你拥我挤，热闹非凡。集贸市场上除肉摊外，近几年有的农民还在路边卖活鸡，一大笼子公鸡任人挑选，然后现场宰杀。节前豆腐也是热销品，因为承德人有用豆腐炸丸子、泡子以及吃冻豆腐的习惯。更早的是，一过腊八，集市上就开始卖春联、年画、挂历等过年的物品。值得注意的是，前些年很惹人眼的窗花，现在有逐渐退出舞台的趋势，因为现在人们的居室都是玻璃窗，似乎不太适宜装饰这种艺术品。倒是那种刀刻剪裁的“挂签”很受人们的欢迎，差不多家家都要买上几组，以衬托节日气氛。最能表现时代变化的过年物品非春联莫属。春联多数都是用金粉写成，加上花边图案，显得花团锦簇，变成了“豪华型春联”；因为春联需求量大，出现了“春联作坊”——成批印制，大量批发。还有一些商家集中印刷一些春联赠送给客户，使春联又增加了广告的功能。

↑ 承德春节的灯笼市场

↑ 承德春节的窗花市场

↑ 腊月出售年画对联

↑ 满、汉文福字

↑ 写春联

淘米轧面，赶制年前年后所吃的黏米面饽饽也是备年的内容之一。丰宁满族人喜吃黏食，他们的主食以黏米粥、黏米饭、黏米面花糕和黏米面饽饽为主。他们祭祖也以用黏米面做的九罗饼、打糕、豆包等为上品。因北方寒冷，把做好的饽饽冻起来，可吃到来年的二月二以后。一般是在腊月二十一二开始推碾子轧面，如果这个时候到丰宁乡村去看一看，一定会看到碾子、磨大战的热闹场面，因为家家户户淘米轧面都集中在这几天，所以碾子也忙，磨也忙，有的二十四小时都得盯着，人可以休息，碾子、磨不能休息。

承德满族人家还有腊月里送福字的习俗。据说这个习俗是从清宫中传到民间的。清代皇宫中有腊月开笔书福的习俗。每年的腊月初一，皇帝要举行“开笔书福”仪式。仪式后，皇帝要写许多“福”字，先是分别悬挂到乾清宫和各处宫殿及苑囿，接下来就是赐给皇子、内廷、行走、宗藩、蒙古藩王、大学士、尚书、南书房行走、上书房师傅及御前侍卫及各省督抚。后来这个习俗传到民间，并一直沿袭下来。现在承德满族中的文化人在腊月里都要书写“福”字相互赠送，传递祝福的心愿。“福”字则用满、汉两种文字书写，一般左边是满文，右边是汉字。

欢度大年三十　年三十是过年的正日子，这一天的活动非常多。以丰宁满族人家为例，首先是贴对子、贴窗花、贴“福”字，竖灯笼杆。竖灯笼杆是在宅院正中或院子偏西处竖一个五六尺高的细木杆，顶端扎松枝，或扎与旗属同色的小旗（后来多扎红色小旗），并安装上滑轮和绳索，以便灯笼升降。灯笼是从腊月三十挂到正月十六。升挂灯笼即是挂天灯，院内红灯高照寓意吉祥如意，人寿年丰。

下午，要把家里平时劈不开的那些有疤瘌结子的木柴找出来，搁到院子中间，傍晚的时候把它们架着了，这叫拢旺火。火烧得越旺，意味着家里的日子越红火。

丰宁满族还有一个习俗，就是年三十以前，必须把家里所有的水缸都挑满了，初五以前不能再挑水，叫“清水满缸”。如果水缸不满，就会预示家里财富不充足。但添满以后还得用，怎么办呢？有个特殊规定，到正月初三这天，可以二次添缸。就是说初三这天可以挑水，但主人要给挑水的人一点喜钱，叫添缸钱。

年三十下午这顿饭叫年夜饭　也叫“团圆饭”。所谓团圆饭，一是家族的人都要聚在一起；二是出门在外的人，离家多远也要赶回来吃这顿饭。这顿饭非常丰盛，佐餐菜肴一定要有鱼、鸡、肉等，取其“吉庆有余”之意。这天吃饭要早，放席准备吃饭时要鸣放鞭炮上香。这炉香从点燃开始烧到初五，日夜不能断。从这顿饭开始，人人不能说不吉利的话，不能打家具，以保证一年平安。饭后要把锅刷净，内放一枚铜钱，表示锅不空。

守岁和拜年习俗　年三十晚上守岁，一宿不睡。除夕之夜守岁，以前是一家人坐在一起聊聊天，或玩玩纸牌，自20世纪80年代始，观看央视的春节联欢晚会成了人们守岁时的一个重要事项。临近午夜12点，鞭炮声起，一浪高过一浪，各个社区，各户人家，仿佛进行鞭炮比赛，时而震耳欲聋，时而烟花升空，城里的夜空呈现五彩缤纷的壮观景象。年夜守岁的时候，人们一般将所有房间的灯都点亮，家家灯火通明，寓意“给财神照路”。另外，受传统信仰的影响，很多人家也有敬神的习惯，但是住在小区楼房里的人们不方便供起“家堂六神”，便只供一张全神，或者只用黄纸写个牌位，贴在房间的墙角。吃过年饭的时候，先给神位上好供品，无非饺子菜肴之类，并燃香烧纸，默念祝语。

大年初一，新春第一天，老早就会响起鞭炮声。全家人早早起床，晚辈给长辈拜年祝福，长辈给晚辈压岁钱。给小孩子压岁钱的习俗一直没有变，但给的数量在不断变化，20世纪六七十年代小孩子的压岁钱以角、元计；到了80年代变成5—10元；进入21世纪后，开始以百元、千元计。以前初一至初五的拜年都是走家串户，先是左邻右舍，再是单位同事家，都得走一遍；自从电话普及后，开始兴起电话拜年，后来又增加了手机短信拜年和互联网拜年，走家串户的反而少了。

正月十三大佛寺“跳布扎”　承德因为有大佛寺，于是正月中多了一个佛教节日，这就是正月十三大佛寺的“跳布扎”。跳布扎是一个盛大的佛事活动，也是藏传佛教教徒迎祥驱邪的一种宗教仪式。届时，堪布喇嘛身披黄锦衣袍，坐在车上，双手持钵，各侍从手持仪仗法器，跟随左右，前呼后拥。还有四大天王、三十六地煞、七十二金刚等。前头由鼓吹作向导，徐徐前进，众喇嘛手执曲锤柄鼓，有鸣锣吹号者，有吹罡筒者，有演念经文者，在广场绕行一周，鼓乐齐鸣。广场中间搭有打鬼亭一座，上有用面制的鬼王，届时念经致祭，扮演诸佛的喇嘛依次舞蹈做打鬼动作，最后由鹿首金刚佛以利斧将魔鬼劈碎，以火焚之，是时围观众人一拥而上争抢鬼王和祭品，名之为“抢霸凛”，相传让小儿食之可以长命百岁。因为这个佛事节日，历年的正月十三，承德街上自小南门沿宫墙五孔闸直至狮子沟，游人接踵，车水马龙，络绎不绝，大佛寺前更是商贾云集，实乃承德规模最大的一次庙会。

正月十四，轮到普陀宗乘之庙上演佛事活动了。这一天，喇嘛们先是在佛殿诵经，中午时分，抬着面做的“鬼王”，到庙外空地点火焚烧，名曰“送祟”。

端午节

农历五月初五是我国民间传统节日——端午节。承德人过端午节的习俗主要有“悬艾蒿、挂葫芦”“包粽子、吃粽子”“缠彩线、戴荷包”“逛庙会”“赛龙舟”。

悬艾蒿　挂葫芦　民谚说：“清明插柳，端午插艾。”艾，即指白艾，白艾又称作家艾、艾蒿、艾草、艾叶，是一种菊科多年生草本植物，还是中药材，味苦，性温，有祛

↑ 承德高云奎核雕葫芦

↑ 端午门口悬挂的龙形葫芦

↑ 端午节卖葫芦

↑ 端午儿童老虎鞋

湿寒的功效，内服有止血作用。家家户户门前悬艾叶，人们确信可以起到驱虫、灭病、辟邪等作用。承德街上的居民在五月初一一大早便到河滩或山上采集新鲜的艾蒿（外县还有采集车前子、猪牙草、十滔子花的，放在门口窗台，意为驱邪消灾），回来插在房门的两侧。同时还要挂上拴在桃树枝上的七彩纸葫芦，或红绒布的葫芦。承德人还有五月初一一大早到河里洗眼睛的习俗。

丰宁县早年间在五月初一有用纸剪五毒葫芦的习俗。据说有一年春天瘟灾四起，毒虫肆虐，村村起新坟，家家有病人。正巧药王孙思邈云游到这里，看到这一带百姓正处于灾难之中，便摘下背上的药葫芦，念动真经，把地上横行的毒蛇、蜈蚣、蜘蛛、蝎子、癞蛤蟆五毒尽收葫芦之中，妖雾立散，又撒良药于人间，药到病除。人们欢欣雀跃，共颂药王恩德。药王告诉大家，每户在门前挂上一个葫芦，从此不会有这样的灾难了。但一时葫芦难找，一位大妈就用纸剪了个葫芦形，里面还装着毒蛇、蜈蚣、蝎子、蜘蛛、癞蛤蟆。这天正好是五月初一，从此每到五月初一，家家门首都会贴上一个纸剪的五毒葫芦。

包粽子　吃粽子　承德市区以及周边乡村所包的粽子多是用大黄米、小黄米、江米和黏高粱米做的。过去，粽子里面大多只是包上几颗枣，现在可以随心所欲放一些好吃的东西。承德人包的粽子多为菱角形。粽叶要靠农村提供，农民在节日之前把苇叶、马莲叶拿到市区、县城里来销售。现在，人们已经把粽子作为日常食品，随时可以到街上或超市里购买，已不必费事动手包了。街头还有卖竹筒粽子的，南方的风味也传到了承德。

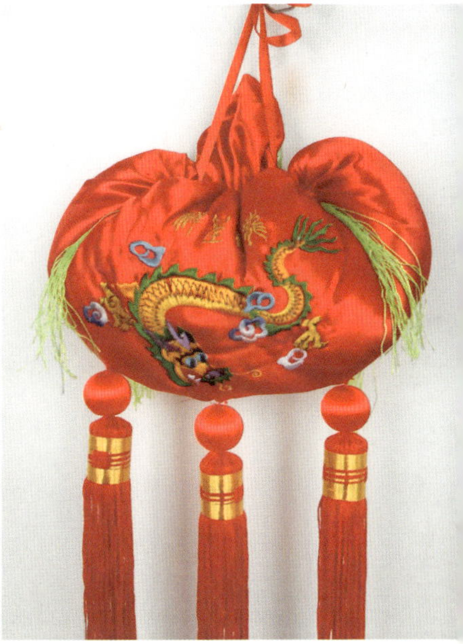

↑ 承德围场满族荷包

缠彩线　戴荷包　在端午节前，家长大多要给孩子准备各种节日饰品。如小巧玲珑的小葫芦、小扫帚、小布娃娃、小动物、小粽子等，缝在孩子衣服上；或用五色花线合成一股拴在孩子的脖子上、手腕上、脚腕上，以示祛毒。

↑ 承德五月端午儿童戴荷包

旧时节日里，承德人还有一些祛毒活动，比如涂雄黄祛毒。过节前一天，家家都要到中药铺买点“雄黄”，用白酒调好，大人、孩子都要在耳朵处涂一些，以示驱蚊虫；用红纸剪出上有剪刀下有蛇、蝎、蜈蚣等害虫形状的剪纸贴在墙壁上，以示驱除害虫；端午节夜里，将旧炊帚、笤帚蘸上油点着，成群结队到河边游走，以此祛邪；节日期间捉蛤蟆制药物，把小块的京墨（写毛笔字的墨块）塞进蛤蟆口中，待蛤蟆干燥后制成蟾酥，据说可以用来治疮瘤疙瘩。

赛龙舟　齐竞渡　宗懔《荆楚岁时记》云：“五月五日，竞渡，俗为屈原投汨罗日，伤其死，故并命舟楫以拯之。”说明当时端午赛龙舟是为纪念屈原。明朝以后，这种习俗更加盛行，不仅宫廷举办竞渡，民间也举行，其场面极为壮观。

近年来，承德市也曾多次在避暑山庄举办龙舟大赛，北京、沈阳等城市的代表队曾前来参赛，气氛热烈，深受市民欢迎。

中元节

农历七月十五也是中国的传统节日。此节初为佛教节日，称“盂兰盆会”。传说释迦弟子目连为救在地狱中受苦的母亲而求佛超度。同时道教中也有上元、中元、下元之说，七月十五为中元节。日后演变为民间祭祀祖先活动，称此节为“鬼节”。

放荷灯　在清代，中元节这天要建盂兰道场；七月十三至十五，三天内要放荷灯，也称“放河灯”。据说，康熙皇帝当年在避暑山庄环碧岛上曾主持过放荷灯活动。承德街每到这个节日都举行大型的祭祀和放荷灯活动。中元节前几天，由商家集资，组织人员在避暑山庄德汇门前高搭法台，由当地寺庙的道士、喇嘛诵经，持续三天。送法船时有清音会奏乐护送，由承德街有名的纸糊店“文古斋”制作“法船”。“法船”是用木板、竹板和秸秆做成骨架，外用彩纸扎成形状似荷花四丈余长的大型纸船，上有船舱，周围有桅杆，中有帆杆，杆上挂有素色的挂笺。船上扎糊目连僧和阴府七十二司。船檐处留有放荷花灯的地方。然后将纸船停放到“小热河”坝堰下，每天来祭祀的人站在大坝上，向船上送祭品，以寄托对死去亲人的哀思。

七月十五太阳将落山时，将法船运走。前边由道士、喇嘛奏乐诵经，中间由杠房人抬着法船，后边有人群护送。由德汇门出发，经火神庙、南营子大街、宽胡同，再转向东大街，最后到武烈河岸边。在这里人们再次向船上送冥物，并焚香烧纸，然后将法船放入河中点燃，让燃烧着的法船顺河而下。

宽城“西卜子撒河灯” 旧时，宽城“西卜子撒河灯”远近有名。据西卜子老人回忆，这个习俗始于清代（大约乾隆年间）。西卜子村因靠滦河两岸，村里人时常被船主找去当拉纤工。据说某一年五月，村里四个拉纤工为一个遵化货主拉纤，船行驶到“龟口”忽然起了大风，水浪来势凶猛，船无法靠岸。传说随着浪花有一锅盖大的怪物露出水面，船上的人都慌了神，跪下磕头，忙把船舱里两坛白酒倒入河里，船这才靠了河岸。人们说，那是河里的水鬼在抓替死鬼。那时拉船来回往返半个多月才能到家，又没有通信设备，家人每日担惊受怕，为了求个平安，以后人们每逢七月十五晚上就往水里撒河灯（传说抓替死鬼的水鬼看见河灯就抢着走了），这个习俗一直延续了下来。

1979年潘家口水库正式蓄水后，由于当时生活在库区的人水上安全意识较淡薄，先后发生过几起水淹事故。西卜子村年近八十岁的民间艺人张德友，就在每年的七月十五，组织村里的妇女、儿童晚间放河灯。

“西卜子撒河灯”活动有一套固定的模式：晚九点开始烧香敬神灵，由撒河灯头领一手操办。一般需要四条船，每条船都有灯光设备，每只船四人，但乐手六人乘坐一条船，由头领统一指挥划入水中。表演时，船两侧插上小红旗，听从头领指挥，表演内容有二龙戏珠、龙摆尾、鸳鸯戏水、百花齐放、天女散花等。

表演时，把河灯均装在每条船内，两条头牌船并列驶向河心，另两条船并列驶向距离对方二百米以外，装上另一种河灯。一切准备好后，由头领举起红色河灯，在头顶上晃三晃，这时乐队击三通鼓后，唢呐齐鸣。二十多分钟后，头领手持红灯、绿灯（甲船为红灯、乙船为绿灯），用各种不同的暗号表演，乐手在两条船的前面，吹打各种唢呐曲牌，找准距离把河灯不同形式地撒向河里，随着河灯渐渐远去，头领一手持红灯，一手持绿灯做停止手势。然后按照顺序驶回河边，清点人数，回去会餐。

冬至“九九消寒图”

承德民间在冬至这天，有描“九九消寒图”之俗。即用一张白纸划分九格，每格画九个圈，自冬至之日起，每日描一个圈，以记阴晴风雨。歌诀为“上涂阴，下涂晴，左风右雨雪当中”；也有画一枝梅花八十一朵按日涂描的；还有以笔画出“庭前垂柳珍重待春风”九字的，垂与风均为繁体，故每字均为九笔，每天涂一笔，按阴晴风雨等区别，九个字涂完，九九即出，寒尽暖来。冬至节多吃馄饨，故承德有民谚“冬至馄饨夏至面”。

承德乡村新节庆活动

木兰围场金秋摄影节 木兰围场曾经是清代康乾盛世时期的皇家猎苑，那里长城古道绵延起伏，广袤草原一望无垠，河流湖泊星罗棋布，万顷林海松涛澎湃。深秋时节，那里则是万山红遍，层林尽染，吸引着无数游人和摄影爱好者前来，所以每年的9月25日至10月10日是木兰围场金秋摄影的最佳季节。

茅荆坝红叶节 每年9—10月举行，举办地为隆化县茅荆坝国家森林公园，这里也是承德市区武烈河的发源地。红叶节期间，举行民族特色歌舞演出、摄影展、书法展、美术展、登山比赛等活动。在这里，可以欣赏红叶美景，也可沐浴天然温泉，还可以体验茅沟河漂流。

金山岭杏花节 时间为4月20日至5月1日。金山岭地处滦平县境内，逶迤壮观的明长城享誉海内外，而这里每到春季漫山杏花开，更是别具一番景象。杏花节期间，这里有以“魅力金山岭，杏花别样红”为主题的大型广场演出；有品牌车展、车模秀；有摄影展、杏花春画展、长城赛风筝；还有驴友骑行、自驾寻找杏花村等浪漫活动。

韩麻营农民运动会 隆化县韩麻营农民运动会每两年举办一届，已连续举办多年。运动会除篮球、羽毛球、乒乓球、拔河、自行车慢骑、两人三足赛跑等传统比赛项目外，还设置了推独轮车、挑箩筐等乡村特色项目。

日常生活礼仪

过生日、祝寿礼俗

承德人传统过生日的习俗，主要体现在食物上。逢生日习惯吃带有“发”字的食物，如发面饽饽、发糕、发面馒头等，这里的“发”在人们心中有多重寓意：希望孩子长得发势，身体好；成人后能发成栋梁之材；希望能发家致富。也有的人家是煮上一碗面条，称为吃长寿面。现在饭店里的生日宴，都会送上一碗长寿面（只有一根长长的面条）。

承德人家一般从50岁开始举行生日祝寿活动，认为人活到50岁就开始进入享寿时期，但举行较为隆重的祝寿活动一般都是逢整数的时候，如60岁、70岁、80岁生日时做大寿，这里的60岁、70岁、80岁指的是虚岁，承德人讲过虚不过周。旧时，有钱人家对祝寿是很讲究的，晚辈亲友要送寿桃、寿米、寿面，送寿联布帐子，晚辈要磕头拜寿；一般人家也要做寿桃。旧时，承德有专门做寿桃的糕点铺，寿桃要染上色，或写上吉祥的文字。还有的人家是给做寿的人买穿的衣服和戴的饰物，如满族人一般是给做寿人买那种过膝的袍子。到了民国年间，有的人家给做寿的人送上一张画，画面多是五福捧寿。

↑ 屋里贴上“寿”字

承德也有过66岁生日的习俗，说“六十六，姑娘添块肉”。66岁这年的寿辰，不论生在哪月都要在这年的正月初六办，承德风俗称为“抢六”。这天远近亲友要来祝寿，姑娘要买6两6钱肉煮熟了，过寿的人要倒坐门槛一次吃下。另外，承德风俗还讲73岁的生日要在正月初三过；84岁的生日要在正月初四过。这三个生日同样是过虚不过周。

婚嫁习俗

挂门帘 承德人家结婚有挂门帘的习俗。门帘是由女方准备的。新娘子被接到新房以后，由新娘子的娘家弟弟挂门帘。先把门帘的两边钉好两个钉，中间先不钉，把门帘两端挂上，中间的钉由娘家弟弟用秤砣来钉，支客总埋（司事）要在旁边念叨：“一钉金！二钉银！三钉骡马成了群……”钉完把门帘中间挂上。新郎要给挂门帘人喜钱。

抹喜和打喜 承德人家办喜事有个抹喜的习俗。抹喜是亲友给东家道喜的一种形式。所谓抹喜，就是亲友把手伸到灶火膛内，抹两把锅底上的黑烟子，把它抹到东家的脸上，不论辈分大小，也可以互相抹，一个个脸上抹得像灶神爷一样，人人乐得前仰后合。抹了就要洗（喜），你也洗（喜），我也洗（喜），大家都洗（喜），不抹的就不洗（喜）。这是很有意思的风俗。

↑ 佩戴红花的新娘新郎（热河旧影）

↑ 满族迎亲车驾（热河旧影）

抹喜还不算，还要“打喜”。所谓“打喜”，就是娶门客抓一些枣子、栗子、花生往亲友脸上打，大家去抢，使婚礼达到高潮。大枣、栗子、花生都是有寓意的，枣为早，栗子为立，花生是要花搭着生，别都生男也别都生女。同时，新人的被子四角也要放上枣、栗子、花生。

↑ 婚礼中吃子孙饺子

煮子孙饺子长寿面 子孙饺子是按新郎新娘的岁数包的，一岁包一个，也有不按岁数包的。但不管数量多少，都必须包一个大个的，然后把很多小饺子包在这个大饺子皮内，人们管这个大饺子叫“老母猪”饺子，意指能多生。还要同时煮几根面条，叫作子孙饺子长寿面。承德还有一个特别的风俗，就是在煮子孙饺子长寿面的过程中，许多人等在锅旁抢饺子。特别是那些没孩子或孩子少的人，拿着笊篱、勺子，饺子一下锅就乱抢起来。饺子才下锅就抢走是生的，人们认为越生越好，寓意抢来就生。但不论怎样抢，那只“老母猪”饺子不能叫人抢去，娶门客把饺子面条端给新郎新娘，新娘把“老母猪”饺子咬一口吐在炕席边底下，表示子孙就在炕席下面了。

民间花会

丰宁黄旗武会

黄旗武会历史悠久，至今已有二百多年的历史，从未间断过，一代一代不断发展，不断完善。据说是清王朝八旗军中的一部退役士兵，在黄旗安家落户，这些士兵始终保持军旅生活，习武强身，练武护院，发展到每逢年节庆贺表演，形成武会。

黄旗武会表演形式独特，套路分明，招式严谨，可谓传统武演之大成。表演者手持古代兵器，开始先跑场儿，再布阵，有八卦阵、十四门阵、九九连环阵等。然后是各式武打，有单人表演，也有双人对打；表演者既有青壮年，也有中老年或少年儿童，甚至有的是一家三代均参与其中。武会表演着戏剧服装，锣鼓伴奏；所用兵器有梢子棍、单刀、双拐、双锤、双锏、二龙头花枪、三节棍等二十余种；武打五花八门，节奏鲜明，越打越紧，场面热烈。黄旗武会在花会中独树一帜。活动时间主要是正月十五元宵节。

黄旗武会在新中国成立后发展到最兴盛时期，曾参加承德地区第三届文化艺术节摄影艺术展开幕式表演；2008年参加全国第三届满族秧歌邀请赛获原生态表演奖；2009年参加承德市首届农民艺术节获一等奖。

滦平“和顺圣会”

滦平县长山峪村“和顺圣会”是自娱自乐的一种民间花会组织。

据说这个组织源起于清康熙五十九年（1720）。那年长山峪行宫落成，河南、河北、山西、山东等地有一批移民来此经商、定居或在宫内供职。由于远离家乡，逢年过节不免心怀思乡之情，于是各自亮出家乡过年时当街表演的一些花会节目歌之舞之。看到这个情形，当时守卫行宫的尹氏世祖尹智耕、王氏世祖王连昆、崔氏世祖崔凤山等人决定成立一个组织，将各省花会内容进行融合，取长补短。最后经众人商定，保留舞龙、狮子、大高跷、二高跷、寸子、大班秧歌、小班秧歌、秧歌柳子、旱船、小车、八大怪、跑驴、官轿、大头和尚逗柳翠、猪八戒背媳妇、霸王鞭、二贵摔跤、龙灯、少林会、十番乐这二十余档花会，并将组织取名为“和顺圣会”，意为各省人民相处和谐，同时祈求来年风调雨顺。

↓ 隆化蓝旗花会之小车会

“和顺圣会”在清代经历了发展的昌盛期，清末、民国年间逐渐衰落。新中国成立后，文化部门对“和顺圣会”进行了发掘和整理，至此“和顺圣会”得到恢复，曾多次到滦平县城参加全县花会调演活动。

滦平正月十五抡花

抡花是滦平县火斗山乡民间花会中的特有项目，历史久远，流传至今已有三百余年历史。据说为一梁氏世祖在清康熙年间所创，以此祭祀“火神”，寓意来年风调雨顺、五谷丰登。

每年的正月十五都要进行抡花表演。表演时把准备好的木炭和铸铁锅碎片装进铁丝编成的花筒。随着花架开始转动，花筒中的铁片着起火来，只见高速转动的两只花筒在空中画出红色的圆环。铁片越烧越旺，四周溅起闪闪的“流星”，化作一条条“小鱼儿”跳向四周。铁片渐渐熔化，一层层金色的火花从花筒绽放而出，形成巨大的金色花环。金色花环的直径最大可以达到30多米，耀眼夺目，流光溢彩。

抡花的制作材料简单，但制作工艺要求较高。主要材料有锅铁、木炭、花筒及表演时所用的花架。锅铁需要将铸铁制成的锅用石碾轧成均匀的小碎片；木炭必须是桦木或柏木焖制而成；花架由两根直径为15—20厘米的木桩立在左右两边做桩子，用直径为10厘米、长2.5米的木料做横梁，用直径10厘米、长2.5米两边带有挂钩的扁担挂住花筒，做一“工”字形中心轴用来转动扁担使花筒产生离心力向四周甩花。木炭和锅铁装筒时要分层，且都有讲究，搭配不匀或放多放少都会影响表演时的效果。

隆化章吉营花会之大头和尚

隆化花会之八戒逗媳妇

扇子舞

隆化花会之大头和尚逗柳翠

隆化章吉营武会三节棍表演之二

隆化章吉营武会三节棍表演之一

隆化章吉营武会三节棍表演之三

隆化独杆大轿

独杆大轿是隆化县独有的一种（档）传统民间花会，形成于康熙年间，至今已有三百余年历史。独杆大轿创编来自民间传说。据说当时民间花会无人管理，不断发生矛盾和事故，为此康熙特设“灯正司”一职管理花会，创编人根据此传说创编了独杆大轿。独杆大轿的表演形式非常独特。在各种打击乐伴奏中，首先有8名身着皂衣的衙役分别手拿大锣、大旗前边开道，再有4名武将身着武打衣、手拿水火棍左右保镖，4名轿夫身穿红卒坎肩，高抬独杆大轿，轿前坐“灯正司”即灯官爷子，后坐“助理灯正司”即灯官娘子。灯官爷子身着清朝四品官服，头戴花翎，足蹬朝靴，手持纸扇，大吼一声：“起轿喽！”各档花会同时起乐表演。灯官爷子被独杆大杠撅起10米多

↓ 隆化章吉营武会之灯官与灯官娘子

高，在高空左顾右盼，指挥各档花会有序表演。灯官娘子身穿彩旦褂子，头扎朝天撅，两耳佩戴红辣椒，手拿长杆烟袋，随着锣鼓点配合灯官爷子在独杆大轿上做各种表演，独杆上下起落，花灯光彩夺目，就像空中的飞龙，甚是可观。灯官爷子大扇一挥，各档花会锣鼓震天，表演高潮此起彼伏，场面非常壮观。灯官的表演难度极高，因为他是高空展示，坐在一根圆木上，既要自我表演还要指挥整个花会和管理社会治安，所以没有组织能力、指挥能力、平衡能力、胆量等是很难完成表演的。独杆大轿用杨木制成底，座为工字横担，2米宽，中间固定一根圆木，此木长6.9米、直径15厘米。在民间花会中用独杆做大轿并不多见，至今在全国范围内还没发现有同类表演。独杆大轿自清代至民国期间为创编、规范、发展、兴盛期，新中国成立后为普及转折期，“文化大革命”期间濒临失传，1984年随着花会兴起，由文化部门挖掘整理，在表演形式上有了很大提高，现已成为隆化县的文化品牌。

↑ 隆化花会之儿童祈祷

↑ 隆化花会之提灯的小女孩

↑ 隆化花会之提花灯的孩子们

民间游戏与竞技

踢毽子

踢毽子的游戏活动在承德由来已久。旧时，每到冬季，承德街上有不少人特别是老年人和儿童踢毽子。毽子，早时是用铜钱和鸡毛或鸭毛、鹅毛、孔雀毛制作，后来铜钱少了，就用铁圈儿代替。毽子用的鸡毛最好是用活鸡的，据说用活鸡毛制成的毽子特别好踢，所以每到年节家里宰鸡时，儿童们都围着争抢拔活鸡毛，以备做鸡毛毽子用。

承德街踢毽子的人能做出各式各样的动作，不时博得围观群众的喝彩。踢毽子的花样主要有里外廉、拖枪、耸膝、腆肚、佛顶珠等。这些花样就是通过人体的脚尖、脚跟、膝盖、大腿、胸脯、肩

↓ 踢毽子

肘、鼻子、头部等互相传接，使毽子上下翻飞，非常好看。承德的踢毽技巧名目繁多，有金丝缠碗、朝天凳、苏秦背剑、套腿、顺风旗、佛顶珠、倒踢紫金冠、仙人过桥等二十余种。早些时候，小孩子们在踢毽子的时候，还要唱一首童谣：

一个毽儿，踢两瓣儿，打花鼓儿，卖花线儿。

里踢、外拐、八仙、过海，九十九、一百。

现在，承德市区有一种游戏活动叫踢毽球，与过去的踢毽子相仿，但不论是玩具本身还是玩法都有一定的区别。现在的毽球不是过去那种用鸡毛或鸭毛、鹅毛做的毽子，都是从商店里买来的现成品（材料与羽毛球类似）。玩法从一个人变换着花样踢，变为两个人或三个人、五个人对踢。

斗蛐蛐

承德区域内旧时有斗蛐蛐的习俗。每年七月至九月，是承德民间斗蛐蛐的日子，这个时候有不少人携带自己精心挑选的蛐蛐到固定场所，让双方的蛐蛐相互厮斗，一比高低。当年承德街的几处茶馆都设有专门场所，经常到茶馆斗蛐蛐的人，有老有少，有官有商，还有舞文弄墨的文人，个别游手好闲的八旗子弟更是这里的常客。有的人因经常在一起斗蛐蛐，一来二去还结成了知心好友。有人为了能弄到一只善征勇斗的蛐蛐，不辞劳苦，深更半夜结伴到罗汉山、僧帽山等地去寻捕蛐蛐。得到一只理想的蛐蛐，如获至宝，也有人不惜代价购买，据说，在民国时一只善斗的蛐蛐至少能卖一块大洋。有的人将蛐蛐作为心爱的宠物，给蛐蛐取了动听的名字，如“大将军”“虎头”“山寨主”“铁嘴”“大头目”“二丑”“宝贝”等。据说民间还有蛐蛐谱，上了谱的蛐蛐为名蛐蛐。蛐蛐还可以按个头大小分头路、二路、三路等，头路的几乎少见，不容易配个儿，更不易下圈咬。一般是大三路和小二路的容易配个儿。养蛐蛐的人每天要按时给它晒鞍、浴爪、刷牙、配雌、喂精饲料、饮露珠儿，为的是增强它的战斗能力。

斗蛐蛐时，在桌子中间摆放一个用浆泥制作的圆盆，叫“斗圈”，将两只蛐蛐放进盆里。宣布“开圈”后，双方主人挥动用老鼠须毛做的类似指挥棒的小棍（俗称探子）挑拨各自蛐蛐的斗性，刹那间，两蛐蛐拼命地厮杀起来……斗场还有“斗规”：参加格斗的蛐蛐，在厮斗中扭回头三次或跳出盆外，就算被斗败；围观的人不准说话，不准挑逗蛐蛐等。如果“开圈”是在八月十五中秋节这天，斗蛐蛐双方主人有的还以月饼为赌注，赌注月饼十斤、八斤不等，胜者还要给斗蛐蛐场地老板送几斤月饼，以表酬谢，所以当时承德街有专门向斗蛐蛐场所送糕点的门店。

承德还曾流传一段一只蛐蛐送了好几条人命的传说。说是民国年间，热河都统汤玉麟的六姨太和他的三儿子都喜欢斗蛐蛐，府上常年养着四个蛐蛐把式。每年七月至九月，六姨太和三少爷整天为斗蛐蛐费心思，到头来蛐蛐斗不赢倒输出几百斤月饼。汤府既养着蛐蛐把式，怎么还输呢？原来，汤府里养的这些蛐蛐把式与外面的人勾通一气，算计老汤家的钱，所以六姨太和三少爷总是胜时少，败时多。一年一个叫孙芳的蛐蛐迷和帅府的蛐蛐把式胡三爷相勾结，又算计了六姨太和三少爷，六姨太和三少爷输了一百多斤月饼。这事让汤玉麟知道了，把孙芳和胡三爷抓了起来。胡三爷与孙芳抗刑不过，承认用了计策。汤玉麟火了，连另外三个蛐蛐把式也一起捆了，说他们通匪，在府外照壁下把这五个人枪毙了。事后，一个不知姓名的小伙子又以卖有谱的蛐蛐为名，把汤三少爷骗出去杀了。这都是斗蛐蛐惹的祸。

珍珠球

珍珠球原名“采珍珠”，满语“尼楚赫”，是满族球类传统体育项目。早在清朝以前，生活在白山黑水的满族以渔猎和采珍珠为生，男女青年采珠之余，在欢庆丰收之时，以绣球当珍珠竞相投向鱼篓，投入多者预示着更大的丰收。为了表现采珠时与风浪搏斗的艰辛，他们把蛤蚌神话了，张开蚌壳保护着自己的珍珠，以免被夺走。一项攻守兼备的球类竞技项目就这样产生了。珍珠球是在长25米、宽15米的长方形场地上进行的，用限制线、封锁线、隔离线、得分线将场地分为4个区，比赛为2个队，各队7人；得分区由1人持抄网接本队投来的球，封锁区由2名对方的球员阻滞来球，水区由4名队员传接运球，力争将球投入自己的网中。

珍珠球在清世祖顺治帝入关后，传入京畿和丰宁、承德一带，于民国初期失传。1980年，丰宁满族自治县体委对其进行了挖掘整理，1986年将其带到了承德地区首届少数民族运动会上，后又将其带入河北省少数民族运动会及全国邀请赛。

双飞舞跑与冰嬉

双飞舞跑俗称二人三足跑，是满族传统竞技体育项目。它起源于古代的军事训练，由溜冰、滑雪行军演变而来。满族先民长期生活在东北白山黑水之间，结冰期每年长达半年以上。他们在

↑ 冰上运动之一

长期与冰雪接触过程中，为了适应生活、生产、军事上的需要，发明了冰鞋、爬犁、拖床等冰上行走工具，还掌握了滑冰技术。双飞舞跑的产生与发展主要是各旗的官兵为了参加每年十月的检阅训练，在春、夏、秋三季无冰期进行陆地训练，以增强腿部力量与协调性。双飞舞跑的组合方法是两人为一个组合，将靠近的左腿或右腿的膝关节和踝关节两部分用带子绑好，呈两人三足状，两人上肢搭肩或搂腰形成一人。比赛方法：分若干组在跑道上分道进行比赛。鸣笛后，两个人共同起跑，冲过终点才算完成比赛。当时驻防在丰宁、围场等地的八旗兵，每年都从士兵中抽调身体素质好、有奔跑能力的进行陆地训练，以备冬季进京上冰表演。

据说，宫中每年冬月要在什刹海、北海、中南海检阅八旗将领滑冰，称其为“冰嬉”。此时，皇帝与皇太后、妃嫔们都要亲临观赏，而且还要亲自坐在特制的冰车游乐于冰上。这种特制的冰车形如轿，下置木刀，底附铁条；车上可容三至五人，周围有帷幔，内放坐榻垫或貂皮坐褥，前有数人滑冰牵引，后有人推。乾隆诗中“后为推者前为挽，左可旋兮右可抽”，描述的就是冰嬉时的情景。每年参加冰嬉竞技的将士均在1000人以上，多时达1600人。将士们分两队从临时设立的门入场，一队身穿黄色军服，另一队着红色军服；浑身利落紧束，配护膝，背插小旗；分正黄、镶黄、正白、镶白、正红、镶红、正蓝、镶蓝八种颜色，以便区别，然后列队似游龙入场。当时比赛的项目很多，一种是速度滑冰，称为“抢冰”，以滑到皇帝面前龙旗下的先后排名次。另一种是花样滑冰表演，称为“走冰”。项目有金鸡独立、童子拜观音、哪吒探海、朝天镫、耍飞刀、耍飞叉、弄幡、双人表演（一人忽飞另外一人肩上倒立）、扯牌等集冰嬉杂技于一体。还有一种叫“转龙射球”，类似今日之冰上打靶，设有门，上置“天球”，下放“地球”，八队人马龙摆尾式列队。接近球门时，以箭射球，以多者为胜。此外还有类似今日冰上抢球之类的种种表演。

清代宫中冰嬉很快传到民间，民间冰嬉运动也广泛流传。抽冰猴、滑冰车，乃至溜冰，以及前面提到的双飞舞跑等种种冰上活动遍及北方，而且一直传承了下来。清光绪年间，围场县学生运动会就有了双飞舞跑这一竞赛项目，直至现在，承德各级各类学校的运动会，也都保留了这个满族传统竞技项目。

↑ 冰上运动之二

↑ 冰上运动之三

↑ 冰上运动之四

承德民间文学丰富多彩，极具地方特色。各民族之间的文化交汇碰撞，自然风光、绮丽多姿，为民间文学提供了丰富多元的源泉。传说、故事、歌谣从政治、文化、人物、民俗等角度，全方位地记录下这片山川丰富的根脉和浓郁的文化风情，并教育和感染着一代代人。承德民间文学通过口头传承，使人们领略到中华民族博大精深的民间文化。

↓ 辽河源

第五章
传说与逸事

承德以其丰厚的历史文化和隽美的自然风光成为世界文化遗产中的一颗璀璨明珠。如果把旖旎的名胜风光和文物遗存视为这座名城的血液和骨骼，积淀着的历史文化就是其最具生命力的灵性和精魂，而承德民间文学正是承德历史文化精魂的一部分。

承德民间文学是丰富多彩的，承德民间文学也是极具地方特色的。独特的地理位置，使这里几千年来一直成为北方各少数民族如山戎、东胡、匈奴、乌桓、鲜卑、库莫奚、契丹、女真、蒙古等生息繁衍融合的区域。于是这里流传着契丹人、满人、蒙古人的传说；因为承德有木兰围场，有避暑山庄及外围呈众星捧月态势的寺庙群，这里便流传着许多有关自然风光、人文风光及围猎或满蒙联姻的传说故事；因为清康乾盛世时期，康、乾二帝常驻承德，这里便流传着许多清代帝王、王公大臣及后妃的生活趣闻与逸事；又因为满族的尚文精神，积极吸收汉民族的雅文化，清朝三百年间，满族下层末吏小官至上层皇亲贵胄间，兴起诗词唱和，写文作赋之风气，让这块土地多了许多文雅之气，于是有了“热河泉畔看热河，始知热河泉中出（乾隆上联）；烟雨楼头观烟雨，顿觉烟雨楼边生（刘统勋下联）”之类在文人墨客中流传的佳句。还因为承德区域内长城遗存较多，且流传着许多再现长城建筑工艺之精华，歌颂劳动人民伟大创造力的长城传说。

从20世纪80年代开始，承德千百名矢志从事民间文学事业的掘宝者深入田间地头，将这些民间文学宝藏重新翻检、挖掘整理出来，并结集成册，先后出版了《樵夫与螺女》《伊犁庙与香妃》《金龙潭》《灵芝草》《神笔》《宝壶》《汤泉》《砬壁佛光》八本民间故事资料集；又通过1984—1995年全国范围内开展的“民间文学三套集成”普查工作，出版了《承德地区故事卷》（上下册）、《承德地区歌谣卷》、《承德地区谚语卷》、《承德市故事卷》（上下册）、《承德市歌谣卷》、《承德市谚语卷》。2006年，又启动了《中国民间故事全书·承德卷》工程，出版了《中国民间故事丛书·河北承德》（8卷）。同时，一些民间文学爱好者还分别出版了多部民间故事专集：《承德的传说》《香妃的传说》《裙袽故事》《乾隆的传说》《金山岭长城的传说》《热河民间故事精选》《彩凤报恩》《避暑山庄外八庙的故事》《承德旅游故事》《清宫之谜》《承德名胜传奇》等。

通过这些普查工程和出版的故事、歌谣、谚语专集，我们可以看出，流传在承德这块土地上的民间文学是极其丰富的。这些传说、故事、歌谣从政治、文化、人物、民俗等各个角度，全方位地记录下这片山河丰富的根脉和浓郁的文化风情，并教育和感染着一代代人，通过口头传承，使人们领略到中华民族博大精深的民间文化。

名人奇闻逸事

在承德民间文学宝库中，存世量较多又极具地方特色的作品当数民间叙事类中的历史人物传说。特别是这个袖珍小城在清代被赋予政治生命后，便有各色人等登上这里的政治舞台，有帝王、文官武将，也有文化名人，比如康熙皇帝，承德人对康熙皇帝有着特殊的感情，说没有康熙就没有承德；又比如大学士纪晓岚，他在承德人的眼里才华横溢，机敏过人，在文津阁编《四库全书》钻桌子的传说一直被承德人津津乐道；还有那些曾为承德百姓办好事实事的清官，承德人民永远不会忘记他们。

契丹始祖传说

辽河源是契丹族的发祥地。相传，古时有一位神人变成一个青年男子来到了这里。他身材魁梧，矫健英俊，头缠蓝布头巾，身穿长袍，腰系布腰带，他走进密密的松林，耳听松涛呼呼作响，那起伏的山峰、茫茫的云海，真有腾云驾雾的感觉。他来到泉边，清清的泉水从地下涌出，汇成小溪，捧一捧喝到嘴里，清洌甘甜，这里真比仙境还美。他坐在石头上想，要有一匹马多好啊，想着想着睡着了，醒来一看，身旁的大树果然拴着一匹白马，鞍辔俱全。他骑上白马沿着土河（今老哈河）向下游走去。饿了吃山上的野果，渴了喝山泉水，不知疲倦地顺着土河走着。在一片开满各种野花的草原上，有一个年轻女子，身穿红色长裙，手里采了一大把野花，不时举到鼻子下闻闻。“哞——”牛叫了，在一辆木轮小车旁拴着一条青灰色的牛。女子把牛套在车上，吆着牛，顺着潢河（今西拉木伦河）悠悠地走去。走着走着，前面有一座小山，她把牛车赶在山湾处。嗬！这里真美，有两条河水在这里汇合，河水清澈见底，岸边野草茂密。烈日当头天气很热，她满身是汗，于是，她往河心走了走，一下子把脚陷在细沙里，她使劲拔出这只脚，另一只脚又陷进去。河水大了，大水几乎把她冲倒在河中。她呼喊："救命呀，救命呀！"这时，骑白马的青年来到河岸，他听见喊声，跳下马，没顾上脱衣服，便向河心跑去，他一手架着女子的胳膊，吃力地一步一步走上岸。来到牛车旁，男人一撒手，这个女人就精疲力竭地倒在了草地上。过了一会儿，女子恢复了点体力。男人向女子告别，女子一把拉住男人的手说："大哥，你叫什么名字？是你救了我，我得谢谢你。"青年说："我叫奇首可汗，我要走遍美丽的辽河源。"女子说："大哥，你别走了，我一个人太孤单，你和我做伴吧。"青年男子见女子长得非常美丽，也产生了爱慕之情，于是他们结成了夫妻。从此，他们就在木叶山下放牧着牛、马，不久牛马成了群。后来，他们生了8个儿子，分别居住在这广阔的辽河流域，这就是契丹八部落。

这段传说史书上都有记载，《魏书·契丹传》记载契丹的最早八部是：悉万丹部、何大何部、伏弗郁部、羽陵部、日连部、匹絜部、黎部、吐六于部。宋元笔记《辽志》上记载："古昔相传：有男子乘白马，浮土河而下，复有一妇人乘小车，驾灰色之牛，浮潢河而下，遇于木叶山，顾合流之水，与为夫妇，此其始祖也，生八子各居分地，号曰八部落。"又过了若干年，到耶律阿保机这一代，统一了八部落，成立契丹国，后改为辽。

康熙重赏典隶

清康熙五十二年（1713）九月，避暑山庄的皇宫主殿澹泊敬诚殿和河东的喇嘛庙竣工，康熙帝从木兰狩猎回来决定举行开光仪式。这一天，热河城内张灯结彩，锣鼓喧天，沿街搭起数十座彩门，御道上遍洒清水，大街上人群熙熙攘攘，好不热闹。

当！当！当！一阵铜锣声，只见一队人马走来，为首的典吏高声喊道："官民商贾听真，总管大人有令，万岁爷驾幸热河，所有人等各安其业，一律在御道两侧行走，画线为界，凡闯入御道者严惩不贷！"接着又是一阵锣响，马队渐渐远去。霎时间，马路两旁人头攒动、伸头探脑，都想瞧瞧皇上的模样。这个说："听说当今万岁龙颜虎目，身材魁梧，是位英主，咱们得好好看看。"那个说："听说皇上身经百战，为民除害，六下江南，兴修黄淮，为民造福，咱们得准备点地方土产孝敬孝敬。"众人七嘴八舌，议论纷纷。

天将中午，忽见一位头戴孔雀翎、身穿黄马褂，大腹便便的官员骑马沿御道走来。只见他坐在马上，手提马鞭，一手拉着缰绳，扬扬得意地左瞧右看，神气十足。这时又是一阵锣响，一队人马拦住了他的去路。为首的典吏喝道："哪里来的官员，竟敢违令擅闯御道，还不快快下马改道。"说罢上前拦住了马头。

那官员冷笑一声，一挑大拇指骂道："你真是瞎了狗眼，咱家乃万岁爷的贴身太监，哪个大胆敢拦咱家，还不快快滚开！"

典吏看了看那油头滑脑的太监，厉声道："哼！国有国法，县有县章。总管通令早已家喻户晓。你既是皇家命官就该知法守法，你竟敢藐视法规。”说着，他巡视了一下随从，喝道，“来人！将他拖下马来重打四十大板，游街示众！”

那太监挥起马鞭想要抵抗，怎奈寡不敌众，被几个兵丁拖下马来，掀倒在地，当众打得皮开肉绽，不住声地哀求饶命。典吏命人将太监绑了起来，让他跪在二道牌楼的旁边示众，自己骑马前去禀报总管。总管大人这时正在万寿亭迎驾，忽见典吏飞驰而来，没等他下马，总管忙问道：“万岁就要到来，你不在街上巡视到此何干？”

典吏就把太监违令的事说了一遍。那总管一听说打了御前太监并游街示众，早吓得面如土色，浑身颤抖，立即命人将典吏绑了，放在头道牌楼一旁示众，待迎驾后再行议处。典吏高喊冤枉也是无用，被拉到头道牌楼示众去了。

过了不大一会儿，只见旗幡招展，远处传来了马蹄声和銮铃声，渐渐由远而近。走在前面的是一位官员，他骑坐着一匹高头大马，飞奔而来。来到亭前高声呼道：“圣驾到！”这时总管大人、府县俩知事早已趴在地上高呼万岁万万岁。康熙来到亭前翻身下马，只见总管等人还是一个劲地磕头，便问道：“你们这是为何？”

总管连连叩头回禀道：“奴才罪该万死，罪该万死。”

康熙不解地问：“你有何罪？”

总管就把典吏绑打太监的事，从头

↑ 头道牌楼

到尾地细说了一遍，康熙听罢忙问："那典吏现在何处？"

"奴才早把他拿下，锁上重枷放在头道牌楼示众去了，就等圣上驾到再作发落呢。"

康熙听了脸色一变，道："快快随我前去！"说罢回身上马直奔头道牌楼。他来到近前，见一伙人正围着典吏给他送茶，为他擦汗。康熙立即下马走上前去，命令侍卫打开枷锁，并为那典吏亲自取下重枷，微笑着对典吏说："让你受苦了。"

那典吏站了起来，惊恐得正不知如何是好，只听身后的总管悄声地在耳边说："万岁爷亲自为你开枷，还不快快谢恩。"

那典吏一听说是皇上，顿时泪如雨下，扑通一声跪在了地上，康熙赶忙扶起，道："你做得对，执法无私、不怕权贵、刚正不阿。看到你，我很高兴，只可惜天下像你这样的官员太少了！"说罢又转身对总管大人说："你办事好坏不分，良莠不辨，真是糊涂！"康熙又对身边的吏部官员说道："传朕旨意，提典吏为四品知府。总管太监目无法纪，削去总管一职，罚俸仨月，以示惩儆！"当天这件事就传遍了热河城。人人都说：康熙帝赏罚分明，重用贤能，是个有道的明君。

伊犁庙与香妃

承德有座著名的伊犁庙，即安远庙。传说这座庙是乾隆皇帝特意为他的宠妃——香妃，仿照她家乡伊犁河边的固尔扎庙修建的。

乾隆三宫六院，妃嫔成群，怎么不曾听说他为别的娘娘修庙，单为一个偏妃修了座庙呢？其实，哪个朝廷的统治者，都有自己的小算盘。你想，清朝是满族当皇帝，要想一统天下，光靠他们那点人，再能耐也不行啊！所以，满族开始打天下时，就先把蒙古族笼络好了。怎么笼络的？把公主嫁给蒙古王子，再把蒙古的姑娘娶过来当娘娘，这不就成了亲戚了吗？这个办法还真灵，打天下的时候，蒙古骑兵可没少给出力。

乾隆登基坐殿以后，也娶了蒙古娘娘。后来，他看到伊犁那边儿总不安宁，就想结个亲戚，结成亲戚不就可以高枕无忧了吗？皇上要选妃，那还不好办，马上就有人告诉乾隆说有个回部少女，那容貌美丽还在其次呢，最出奇的是不用脂粉，身上自有一股香气。乾隆马上下了一道圣旨，就把这个少女选进宫来。

↑ 安远庙，又名“伊犁庙”“金顶寺”，因主殿普度殿为方形，俗称“方亭子”

可这个回部少女自打进宫以后，终日闷闷不乐，没个笑模样儿。乾隆挺奇怪，一盘问，才知道她想家。

这年夏天，乾隆带着香妃来到承德避暑山庄，想着带她出来玩玩，消愁解闷儿。不承想，香妃看见万树园里的蒙古包，见景生情，反倒更想家了，整天眼泪汪汪的，急得乾隆抓耳挠腮。有一天乾隆带香妃逛庙回来，看她又在那儿哭，乾隆急了，便问她：“你倒是要怎么着？天天这么哭哭啼啼的！”香妃说：“我想家！”乾隆问：“你想家里谁了？”香妃说：“我们家伊犁河边儿有座庙，我就想回去拜那座庙。”乾隆

↑ 云雾中的伊犁庙

想："这迢迢数千里的怎么让她回去？不让她回去，她就天天这么哭，也怪可怜的，这可怎么好？要是能马上把庙给她搬来就好了。"想到这里，乾隆有主意了，照样给她在这儿建一座不就是搬来了吗？对！就这么办！第二天乾隆就下了一道圣旨，派刘墉去伊犁画固尔扎庙的图样，限三个月回来交旨。

刘墉赶忙撩衣跪倒："臣接旨，只是这三个月……"

还没等他说完，乾隆就火了："平日高官厚禄养着你们，用着你们了竟敢推三拖四！"

刘墉赶忙磕头说："臣不敢！臣是说用不了三个月，我只用一个月就回来交旨！"

乾隆乐了，说："好！如果你一个月交来图样，重重有赏！"

刘墉为啥敢夸口一个月回来交旨呢？原来，刘墉平时闲散无事，常出去私访。他在北京的"回回营"，见有人拿着这座庙的图样看过。他只要回到北京找到这个人就行了。刘墉回到北京，才用半个月时间就找到了图样。乾隆接到图样，马上让香妃看。香妃一看到家乡固尔扎庙的图样，"哧哧"乐了。乾隆重赏了刘墉，立刻传下圣旨，召集十大作坊的工匠，马上破土动工。

几个月工夫，庙就修成了。这庙修得庄严肃穆：三层朱红围墙，中央是三层高高耸立的大殿，油黑油黑的瓦顶，确实与一般庙宇不同。这下香妃笑了。

后来，乾隆还在离宫东北角上，为香妃盖了一座梳妆楼，楼上安了一面大镜子，正对着伊犁庙。香妃每天早上在楼上梳头，可以从镜子里看到伊犁庙，如同回到了家乡一样。

罚银变赏银

清乾隆年间，有一位大学士名叫纪晓岚，博古通今，知识丰富，才思敏捷，能言善辩，智慧超人，很受乾隆皇帝的信任和赏识。

有一年，乾隆任命纪晓岚为《四库全书》的总纂官，纪晓岚接旨后，便带领五百多名文人学士在承德避暑山庄的文津阁编纂《四库全书》。夏季的一天中午，纪晓岚正在书馆中编书，忽然发现不知什么时候乾隆皇帝走了进来，正在一声不响地翻阅已编完的《四库全书》的部分篇章。

纪晓岚忙站起身，向皇帝请安，乾隆皇帝"哼"了一声，用手指着全书中的《扬子·法言》部分说："这里对于晋、唐及宋人的注释人名，你为什么漏掉了呢？"纪晓岚一看，果然漏掉了，深知大事不好，忙跪拜道："皇上，是奴才我……我一时疏忽了。"

乾隆喝道："这里就算你一时疏忽，难道朕亲笔写下的那篇《御制扬子法言》没有编入《四库全书》之中，也是你的一时疏忽吗？"几句话问得纪晓岚惶恐不安，强作镇静地说道："皇上，只因奴才粗心大意，甘愿请罪。"急得纪晓岚出了满头大汗。

乾隆平时十分信任和宠爱纪晓岚，不忍治他什么罪，说道："书中所漏掉的内容，朕限你按期补编上。"纪晓岚赶忙答应一声，磕了个响头，站起身来，忙着就要动身去京师查找漏掉的资料时，乾隆又喝道："站住，朕有话对你说！"。

纪晓岚吓得全身一抖，转身咕咚一声，跪在皇帝面前，低头说道："奴才候旨。"乾隆说道："此次漏编的资料和文章，返工所花费的银子由你来赔。"

“喳！”纪晓岚答应一声道，“皇上，要奴才赔银多少呢？”

“十天内完成，罚纹银百两。过期完不成，惩银加倍。”

纪晓岚接旨后，心中好个不快，心想，唉！我纪晓岚为了编纂《四库全书》，夜以继日，废寝忘食，费了多少血汗啊！只因漏编了一点儿资料，皇上就如此动怒罚银，也太不近情理了！

纪晓岚不敢怠慢，骑马用两天两夜的时间，赶到了京师，饭顾不得吃，水来不及喝，忙到文源阁详检图书。当他把《御制扬子法言》和漏掉的资料找到后，日夜兼程返回承德避暑山庄的文津阁。到了第九天头上，他终于把《四库全书》漏掉的部分内容补编好了。这一夜，纪晓岚难以入睡，又仔细将补编的材料检查一遍，直到万无一失，才放下心。

第二天，天气更是闷热，纪晓岚肥胖的身子，更是大汗淋漓，热得他呼哧呼哧喘不过气来。他脱掉上身衣服，挽起裤角，盘起头上的辫子，端坐在椅子上，倒是凉爽多了。

万没想到，乾隆皇帝就在这时来到文津阁。纪晓岚一听，来不及穿衣服，光着脊背钻进书案下边的空当里，用布帘儿将自己遮挡好，单等皇帝走后，自己再从书案下边钻出来。

纪晓岚听到皇帝的脚步声一直向自己房间响来，更是一动不动，连大气都不敢喘。乾隆皇帝一看房间无人，觉得奇怪，纪晓岚哪里去了呢？乾隆低头一瞧，哟！见书案下边的布帘儿微微抖动，立刻就猜了个八九不离十！

乾隆暗想：你纪晓岚倒算个机灵人，朕看你藏到何时能钻出来。一屁股坐在纪晓岚的书案旁等起来。

纪晓岚在书案下藏了好大一阵子，早就汗流浃背了，暗想：

皇上走没走呢？唉，再多等一会儿，万一皇上没有走，发现我钻在书案下边，事情可就糟啦！想到这儿，他也只好“心”字头上一把“刀”——忍着。不过，时间长了，也真是汗水煮石头——难熬啊。纪晓岚又闷又热，一时焦躁起来，侧耳听听房中，没有任何动静，琢磨着乾隆兴许是走了，但又不大放心，于是他撩开书案下的布帘儿，探出个汗淋淋的头来，向其他房间的人们大声问道：“喂，老头子走了吗？”问完扭头一看，天哪！乾隆正在书案旁的椅子上坐着呢。

乾隆一听叫他“老头子”，气得眼珠子一瞪，喝道：“纪晓岚，你好生无礼！”

纪晓岚吓得浑身一哆嗦，只好由书案下边爬出来，忙穿好衣服“扑通”跪在乾隆面前，道：“皇上，奴才……方才我……”

乾隆看他那样子，气更不打一处冒，喝道：“《四库全书》所漏掉的部分全补编上了吗？”“奴才全补编好了。”

“嗯，朕有旨在前，一百两罚银准备啦？”

“奴才备齐了，书案上这个红布包包里便是。”

乾隆怒气未消，问道：“刚才，为何把朕称作‘老头子’呢？”

“这……这……”

“说得清，朕恕你无罪，说不清，朕赐你一死！”

文津阁其他房间的文人们听皇帝这么一说，都为纪晓岚捏着一把汗，

↑ 文津阁

心想，糟啦！编纂官的脑袋要搬家了。霎时间，人们在乾隆面前跪了一片，为纪晓岚请求开恩。

乾隆哪肯依从，一定要纪晓岚说明白。

这时，纪晓岚却镇静下来，奏道："皇上啊，据奴才所知，这'老头子'三字，乃是京中人对皇上的尊称，并非奴才信口开河，胡言乱语，请皇上容禀。"

乾隆"哼"了一声："讲。"

纪晓岚笑道："皇上称万岁，岂不是老？皇上身居万民之上，岂不是头？皇上就是天子，所以称子。这'老头子'三字，就是这么传颂下来了。"

乾隆听罢，满肚子的怒气，一下子全消了。只见他把头点了数点，捻着胡须，笑道："哎呀，原来如此。纪爱卿，快快平身，是朕屈待你了！"说着便把纪晓岚搀扶起来。

纪晓岚连说："谢主隆恩。"扭头见书案上那个红包包，奏道："老头子呀，奴才被罚的这一百两罚银请收走吧。"

乾隆笑道："纪爱卿，此事已成教训。朕念你《四库全书》告竣，又将'老头子'三字解释得合情合理，已使老头子心悦诚服，这罚银作我老头子对你的赏银吧。"

纪晓岚再次跪拜谢恩。众人都喜形于色，暗暗称赞纪晓岚能言善辩。待乾隆皇帝满意地离开文津阁后，纪晓岚悄悄对众人说："嘿！那老头子是脑袋上顶娃娃——抬举人呢！"

众文人学士听了，都嘻嘻哈哈地笑起来，齐赞大学士纪晓岚随机应变，聪明过人。

海忠与振秀书院

清道光六年（1826），承德来了位新知府，叫海忠。承德人很快就发现，这位新来的知府大人对承德教育十分上心。承德那时有个秀峰书院，海大人上任没多久就到书院视察去了，但他看到的是年久失修、破败不堪的几间校舍，另外书院还位于闹市区，影响学生上课。看到这些，海忠立即报请热河都统英和，请求移建新书院。

↑ 振秀书院复原图

他的请求得到批准后，立刻找人勘察新校址，并组织人力、物力开工修建。谁知下拨修书院的款项不足，为了不耽误工期，海大人又带头捐献俸银。清道光八年（1828），新书院终于建成了，海大人为新书院起名振秀书院。

有了新书院，学生也多了，可谁知又出现了教育经费不足的问题。海大人再次提请各官员捐献养廉津贴，他自己则每年捐银50两。在他的带动下，从热河都统至各州县官吏，也都积极捐款，书院的经费得到了解决。

这回海大人该满足了吧！没有，海大人又有了新的谋划。他认为好的学校还要有好的老师才能把学校管好，把学生教好。于是他亲自赶赴霸州，聘请崔廷诏出任振秀书院院长和主讲。自此以后，振秀书院学风日盛，名声大噪，也给承德培养了很多人才。

后来，海大人还主持修建了承德西大街二道碑楼处的文昌阁和魁星阁。这两处建筑体现了海大人对承德人民的深情厚谊，他祈求文昌帝君保佑承德多出人才、快出人才。据说，海知府还曾主持编修了《承德府志》，为承德的文化事业留下了彪炳千秋之根脉。

海知府在承德任职虽然只有几年的时间，却因为他身体力行为百姓造福，深受承德百姓爱戴。在他去世后，承德百姓为了纪念他，把他供奉在“名宦祠”中，永久祭祀。

最早的承德旅游业规划

熊希龄是湖南人，自幼聪慧过人，有“湖南神童”的美誉。他晚清时中过进士，在东北当过盐运使。辛亥革命时期，有着民主革命思想的熊希龄积极参与其中。1913年3月他被袁世凯政府任命为民国时期第一任热河都统。熊希龄到任承德的第一件事是着手清理避暑山庄古物与修葺古建。他预测将来铁路交通发达以后，外人前来承德这一“长城之外文明之奥区”游历者，必将络绎不绝。所以他上任后，始终把改革热河内政视为当务之急，提出了著名的《关于热河改革政治意见书》，对热河的吏治、政治、军务、交通等提出操作性极强的建议。他还专门写了一份《热河改建行省议案》，这份议案后来一直被认为是国民地方建设史上的一份重要文献。

民间谚语

谚语是人民群众集体创作并广为流传的反映人民的智慧和生活、斗争经验的言简意赅、长于讽喻、富有哲理的较为定型的艺术语句。从内容上讲，它具有经验性、哲理性；从形式上讲，它具有口语性、精练性、艺术性和民族性；从使用上讲，它具有群体性、实践性、讽劝和训诫性。比如农谚就是乡村劳动人民年复一年地从事某种劳动和观察周围物候，久而久之感悟到了物候与某种农事活动的相应性，于是某则生产谚语便应运而生，如承德民间流传的农谚“要想来年虫子少，秋后烧掉地边草”。承德区域内谚语的蕴藏是非常丰富的，包括时政类、事理类、修养类、生活类、自然类、生产类等。

时政类　表现热爱祖国的：“国富才有家，国安家才安”“人人怀着爱国心，不怕敌人闯进门”；表现热爱家乡的：“人离乡贱，物离乡贵”“月是中秋圆，水是家乡甜”“水流千遭归大海，树高千丈叶归根”；表现敌我抗争的：“冰炭不同炉，敌我不同路”“对恶狼只能用棍子，对强盗只能用刀子”。

事理类　表现真理的：“一时强弱在于力，千古胜负在于理”“一根柱子动，根根屋梁摇”；表现思维的：“一次深思熟虑胜过百次草率行动”；表现实践的：“一分汗水一分成果”“一针不补十针难缝”；表现知识的：“书籍是你的好友，没有它好比没有手”“用钱打扮自己，不如用知识充实自己”；表现是非的：“溺爱子不正，严教子成才”“不吃饭则饥，不讲理则愚”；表现爱憎的："与老虎同眠没有善兽，与凤同飞尽是俊鸟"。

修养类 表现德行的："人靠心好，树靠根牢"；表现智慧的："米靠碾面靠磨，遇到问题靠琢磨"；表现谦慎的："不自满者受益，不自爱者受损"。

社交类 表现团结的："互助石成玉，合作土变金"；表现谈吐的："劝人一句值千金，说人是非古井深"；表现训教的："祖宗创业数百年，后代败家一两天"。

生活类 表现伦常的："夫妻和睦黄金木，父子同心土变金"；表现勤俭的："节约好比燕衔泥，浪费好比河决堤""靠人粮满仓，靠天空米缸"；表现婚恋的："夫敬妻一尺，妻敬夫一丈，恩爱地久长"；表现卫生、医药、保健的："卫生好病人少，锅灶净少生病""气气恼恼成了病，嘻嘻哈哈活了命"。

自然类 承德这一类谚语，包括时令、天文、气象、物候等，如："立秋核桃白露枣，寒露柿子穿红袄""僧冠帽上蒙青纱，树枝摆手雨在家""水泉沟云缠腰，不过三天就挨浇""一过一垦坝，一片荒草坡，人烟少牲畜多，骆驼拉着勒勒车"。

生产类 承德这一类谚语包括农业、林业、牧业、副业、园艺、管理等，如："农业兴，百业旺，粮食不收断百行""林成群，树成林，沙土窝里不起尘""农家养了羊，多出三月粮""桑柳榆槐是个宝，副业生产是原料，农业生产离不了""要想果实长得好，还得蜜蜂把花咬"。

民间歌谣

民间歌谣包括民歌和民谣两个部分。古人把以曲合乐演唱的称为歌，只诵不唱的称为谣。如《十二月气候歌》：“正月冷，二月温，正好时候三月春。四月暖，五月燥，六月七月戴凉帽。一进八月凉风起，不冷不热正适宜。九月凉，十月寒，严冬腊月冰冻天。”这就是民谣。

旧时，歌谣演唱是承德民间一种重要的精神文化生活，也是一种民间艺术习俗。歌谣演唱的场合很多，有在集体或个体劳动的场合，如集体打夯或个体放羊时吟唱；有在祭祀及有关仪式场合，如祭神、娶亲、盖屋时吟唱；有在孩童入睡时吟唱催眠谣；也有小女子在闺房想念情人时吟唱情歌。承德流传下来的民间歌谣包括劳动歌、时政歌、仪式歌、情歌、生活歌、儿歌等。

劳动歌　伴随着劳动节奏而歌唱，具有协调动作、指挥劳动、鼓舞情绪、减轻疲劳等功能；也有描绘劳动情景，诉说劳动感受的歌谣，比如围场县流传的《牧马歌》：

扬鞭打马百匹整，赶起马来登路程，
大马赶在山头上，小马颠颠娘后跟。
春季放马百草发，小马吃草顺山爬，
不吃青草不会胖，草无露水不会发。

承德流传的这一类歌谣还有《盖房歌》《长工忙》《芒种歌》《春歌》《打猎歌》《四季农活歌》《放羊四季歌》等。

时政歌　承德流传的时政歌中短谣居多，句数和字数比较自由，没有固定格式。语言精练，爱憎分明，长于讽刺，较多反映的是人们对政治、措施及一些人物的认识和态度。因为各个历史时期的不同，时政歌的内容也有所不同，其中较多的是抗日战争时期的抗战歌谣。如围场县流传的《活着为了打鬼子》：

没有粮食吃野菜，吃完野菜煮皮带。

活着为了打鬼子，日子再苦也能耐。

还有《做军鞋》：

油灯亮，线儿长，喜做军鞋日夜忙。

军鞋送给子弟兵，冲锋陷阵打东洋。

承德流传的时政歌，还有反映20世纪六七十年代人们对农村旧的生产体制不满的讽刺歌谣，如《干活大呼隆，分配一拉平》：

喊破嗓子敲破钟，社员迟迟不上工。

村边候，路边等，到了地头坐个坑。

你上坡，我上坡，记的工分一样多，

你下田我下田，画个圆圈一样圆。

仪式歌 承德流传的仪式歌经常出现在婚丧嫁娶、搭房盖屋或求神拜佛等场合。这种歌谣多是祝颂性的，寄托着人们对美好生活的祝愿，或对已逝人物的怀念。丰宁县流传有一首结婚傧礼歌，包括新人花轿到门前的赞礼、新人下轿赞、新人进房赞、往新人头上撒喜谷赞、成亲拜天地赞、拜堂射福赞、入洞房赞、新人入洞房走路赞、新人上床坐福赞。每一个仪式都有一段祝颂词，如入洞房赞：

拜罢天地转回身，夫妻二人紧相跟，

一同走进桃花洞，一朵鲜花开一盆。

还有新人坐福赞：

擀面杖，敲锅台，金银财宝全都来；

擀面杖，敲门框，丫头小子养一炕；

擀面杖，敲炕沿，和和气气到百年。

承德流传的仪式歌还有《哭嫁歌》《丧歌》《求雨歌》《酒令歌》《送神歌》《拜庙歌》等。

情歌 承德流传的情歌，主要抒发男女间爱情的悲欢离合。在承德歌谣中，情歌的数量可谓最多，艺术性也较高。其吟唱的场所和方式，包括男女对唱和独处相思时的自吟自唱。丰宁县流传有一首情歌《百灵鸟》是这样唱的：

百灵鸟呀，百灵子窝，百灵子那里叫哥哥，

哥哥听了格格叫，格格笑着迎哥哥。

百灵鸟呀，百灵子蛋，格格叫哥哥为什么？

格格拉着哥哥手，早就知你是光棍好哥哥。

其实，承德流传的情歌中，像这样一段式的短歌并不多，更多的是多段式的长歌，像丰宁县的《要兜兜》《绣针扎》《王大娘探病》《撒荞麦》《五更》《十二月》《绣荷包》，围场县的《山歌打动姐的心》《山里情歌》，滦平县的《大姑娘想婆家》《知心哥》《送郎君》，兴隆县的《倒五更》，平泉县的蒙古族长歌《达那巴拉》《鸳鸯扣》《韩淑英》《红革尔玛》《江紫腊花》等。

生活歌 承德流传的生活歌的范围很广。从广义上说，凡是民歌皆来源于生活和反映一定的生活，因此都可以叫作生活歌。这里的生活歌是狭义的，主要指反映劳动人民社会生活和家庭生活的歌。承德民间流传的这一类歌谣中，反映社会生活不平等及童养媳、小女婿、寡妇难、光棍苦、后娘虐待子女等日常生活的较多。如围场县流传的《旧社会穷人没活路》：

旧社会穷人没活路，有钱的压着没钱的头。

有钱的孩子上洋学，没钱的孩子放羊牛。

有钱人住的楼上楼，没钱的进屋猫腰又低头。

有钱人吃的鱼和肉，没钱的吃咸菜也不见一滴油。

还有承德市流传的《小女婿》、丰宁县流传的《光棍哭妻》、平泉县流传的《老来难》、隆化县流传的《小白菜》等都是这一类歌谣中具有代表性的作品。

儿歌　承德流传的儿歌包括游戏儿歌、事物歌、催眠歌、绕口令等。游戏儿歌多是游戏时或唱或诵的歌谣。它能够丰富游戏的内容，增添孩子们游戏的兴趣，有的还能起到统一动作的作用。承德地区流传的儿歌，如丰宁的《游戏谣》：

小板凳，歪里歪，桃花红，杏花开。

开几朵？开三朵。

你一朵，我一朵，剩下一朵给秧歌。

秧歌秧歌吃什么饭？吃的稀里糊涂大米饭。

秧歌秧歌吃什么菜？稀里糊涂龙须菜。

类似的还有兴隆县的《小皮球上脚踢》《编花篮》，承德市的《跳皮筋儿》，丰宁满族的《莲花瓣》《打冰尜》等。

事物歌是教儿童认识并能连贯说出有关事物的歌谣。这类歌谣偏重对于儿童的教育作用，丰富孩子们的知识，启发孩子们的智慧和想象力。如隆化的《小麻雀》：

麻雀妈妈叫喳喳，房前屋后来安家。

盯准农家油菜花，捉走虫子喂娃娃。

小麻雀呀爱妈妈，学习妈妈捉虫子。

偷了园里油菜花，自己成了贼娃娃。

类似的还有兴隆的《今天是礼拜》、隆化的《搬柴》等。

儿歌中还有一类是成年人给儿童唱的，如催眠歌。催眠歌多是在哄小孩儿睡觉时吟唱的，如：

噢，噢，睡觉觉，我给我娃打野猫。

野猫打得远远的，我娃睡得展展的。

野猫打得光光的，我娃睡得香香的。

野猫打得完完的，我娃睡得甜甜的。

儿歌还有一类是绕口令。承德流传的绕口令，是将许多双声、叠韵词汇或者发音相同相近的语词，有意集中在一起，组合成简单、有趣的韵语，使孩子们不容易念诵，却能锻炼说话能力的歌谣。如平泉流传的二则绕口令，其一：

天上七颗星，树上七只鹰，台上七盏灯，地上七块冰。

一脚踩了地上的冰，碰灭了台上的灯，

吓跑了树上的鹰，乌云遮住了天上的星。

其二：

胖丫丫，俊妞妞，手牵着手过沟沟，

过沟沟，拾豆豆，金豆豆，银豆豆，

圆不溜溜红豆豆，一颗一颗拾到手。

儿歌的演唱主体除了儿童自身，还有抚育照顾儿童的众人。

在风起云涌、波澜壮阔的历史征程中，星星之火，终成燎原之势，战争年代风云变幻，铮铮铁骨谱写首首红色壮歌；和平年代的英雄则埋头苦干执着于梦想，耕耘于各行各业，在日积月累中成就非凡事业。承德积淀了深厚的红色传统，涌现出一位位革命烈士、英雄人物和先进模范，关于他们的故事、文艺作品被广为流传，汇聚成磅礴的力量。

↓ 喜峰口长城

第六章

红色火种 薪火相传

革命的岁月，练就了红色的基因，锻造了红色的火种，这种红色基因和火种，是我们党在长期为党和人民的事业努力奋斗的伟大实践中，用血肉和意志淬炼而成的崇高精神、优良品质和优良作风，这些正是指引我们党从一个胜利走向另一个胜利、带领人民群众战胜一个又一个困难、取得一个又一个成就的关键因素。

在风起云涌、波澜壮阔的历史征程中，承德积淀了深厚的红色传统，涌现出一位位革命烈士、英雄人物和先进模范，关于他们的故事、文艺作品广为流传，汇聚成磅礴的力量。

李大钊指导创建热河党组织

李大钊（1889—1927），字守常，河北省乐亭县人。他是中国共产主义运动的先驱、伟大的马克思主义者、杰出的无产阶级革命家、中国共产党的主要创始人之一。他领导开展工人运动，建立党的组织，掀起北方地区轰轰烈烈的革命运动。1923年1月，在李大钊的介绍下，韩麟符、陈镜湖加入中国共产党，成为热河最早的中共党员。韩麟符入党后，在中共北京区委协助李大钊从事民族与统战工作，他发展了热河青年乌子贞、王兴国等人加入中国共产党，同时在承德的热河师范学校（今河北民族师范学院）高年级学生和青年教师之中广泛传播先进的马克思列宁主义火种，使热河早期中共党员的队伍不断壮大。

经过两年的努力，在承德建立中共地方党组织的条件已基本成熟。在李大钊的大力支持下，经中共北京区委批准，1925年3月，中共热河工委在承德市区南营子大街三条胡同上口正式成立，由陈镜湖任第一任负责人。中共热河工委的成立标志着中共承德地方党组织正式建立，承德的革命斗争成为中国共产党领导的中国革命的一个组成部分，进入一个崭新的发展阶段。火种已经点燃，它乘着革命的东风，在承德大地播撒形成燎原之势，掀开了承德波澜壮阔的新的历史篇章。

喜峰口长城抗战

在长城抗战中，喜峰口是日军最早进攻的主要关口。喜峰口是长城线上的重要关口，西临遵化、北平，北通平泉、承德，南达唐山、天津，是沟通关内外的重要交通要道，扼冀东、热河之咽喉。早在1933年3月3日，日军第八师团司令部进驻凌源的当天下午，就向其部下发出了进攻喜峰口的命令。3月9日，日军第十四旅团先头部队松尾野先遣支队已进到宽城边沿喜峰口长城下，并立即开始了对附近阵地的进攻。而驻守喜峰口阵地的是中国守军华北第三军团的第二十九军（总指挥：宋哲元），为3个师5个旅，共计1.5万人，奉令防守喜峰口方

↑ 喜峰口长城抗战

面包括董家铁门关、潘家口、罗文峪等300余里的防务。

在喜峰口长城抗战中，首先给敌以痛击的是驻守喜峰口的第二十九军的第三十七师和第三十八师。1933年3月8日，该两师奉令接喜峰口防务。9日，从热河溃退至此的万福麟部，在日军铃木第四旅团、服部混成第十四旅团的步骑炮混合部队的冲击下迅速败退，日军占领了口上阵地，控制了口门。这时，第三十七师先头部队特务营和王长海团赶到，立即投入战斗。经数小时激战，终将高地夺回，稳定了口上战局。次日，日军向喜峰口守军发起猛攻，第二十九军后续部队赶到，与日军展开激战，几处高地敌我数次易手，两军白刃相搏。11日，又激战一天，敌我双方伤亡惨重。是日夜，赵登禹、佟泽光两旅采取迂回夜袭战术，把第一线正面防务交给王治邦旅固守，赵、佟两旅分别出潘家口和董家口，绕攻敌侧背。夜半，敌正酣睡，两旅发动突然袭击，敌人未及还击，多被大刀队砍杀，夺得的敌炮和坦克，都予以炸毁。此役敌伤亡惨重，中国守军取得了长城抗战以来的第一次胜利，打击了侵略者的嚣张气势。捷报传来，全国振奋，第二十九军被誉为“喜峰口英雄”。

孙永勤和抗日民众军

孙永勤（1893—1935），又名孙允庆。热河兴隆县（今属承德）黄花川人。他自幼习武，崇尚忠义，曾被推举为村自卫团团总，维持地方治安。1931年九一八事变后，带领50多人参加抗日救亡活动。1933年12月12日，举起“天下第一军，抗日又济贫”的大旗，宣告成立抗日民众军，先后歼灭了承德、兴隆、宽城等县的伪警察署。1934年5月，抗日民众军发展到5000余人，集结于兴隆县境内的五指山一带休整。这时，中共遵化县委派徐荣、张志全来到民众驻地，宣传中共的抗日主张，建议孙永勤把“均富济贫”的口号改为“团结一切可以团结的力量抗日救国”，把民众军改为“抗日救国军”。孙永勤接受党的领导，将抗日民众军改编为抗日救国军，任军长。先后攻克兴隆、迁安、青龙、平泉、承德、遵化等地百余个敌伪据点，歼灭日伪军警万余人，威震冀热边境。1935年5月，抗日救国军孙永勤部主力在遵化县茅山遭数倍于己的日军和国民党特警部队包围“协剿”。与敌激战两昼夜，除百余人突围外，孙永勤、赵四川、关元有、王殿臣等主要领导人和其余官兵全部壮烈牺牲。坚持了一年多的抗日救国军武装抗日斗

↑ 孙永勤起义时站在这个大碾盘上发出抗日口号

革命烈士证明书

牺牲，经批准为革命烈士，特发此证，以资褒扬。

↑ 孙永勤革命烈士证明书

↑ 孙永勤牺牲地——遵化市毛山四洞沟

争失败。同年8月，中共中央发表的《为抗日救国告全体同胞书》（《八一宣言》）中，称赞孙永勤是“为救国而捐躯”的“民族英雄”。

千里“无人区”的斗争

冀热察边抗日游击根据地的开辟、建立与发展，撼动了日本侵略者的统治根基。为确保伪满州，扑灭日益旺盛的人民反侵略、反殖民统治的火焰，从1939年秋到1945年，日军沿东起山海关以西的九门口，西抵独石口以东的老丈坝的千里长城线上，在宽32—250公里的广阔地域内，制造了横跨冀东、热河、辽西及察哈尔部分地区的世界罕见的千里“无人区”，并由此把这里的人民推入了更加苦难的万丈深渊。日军在实施“集家并村”政策、制造“无人区”过程中，制造了三个层次的“无人区”：一是“无住禁作”地带，即不准居住，不准耕作，甚至不准有一切生物存在，实行彻底“三光”政策的区域；二是“集团部落”，即在平地大川地域修建有围墙、有武装看守的“部落”（“人圈”），虽有人居住，但没有行动自由；三是“无住禁作”地带与“集团部落”之间的“禁住不禁作”地带。

日军在长城线上制造“无人区”的过程，同时也是中国共产党领导抗日军民进行“无人区”斗争的艰苦历程。在日军局部制造“无人区”时，共产党和共产党领导的八路军就积极支持群众反“集家”斗争；当日军实施全面“无人区”计划、向根据地疯狂进攻后，共产党领导抗日军民进行了积极反击，使日军“无人区”计划屡次受挫。尤其是1942—1944年，抗日军队和地方党组织密切配合，在日伪兵力占绝对优势，大部分地区无房、无粮和难以得到群众支持的极度险峻的形势下，发动多次战役，打了许多硬仗、恶仗。在日军多次围攻、“扫荡”下，党组织和抗日武装克服重重困难，坚守住了长城沿线山区大部分抗日根据地，并在根据地周围“人圈”中开展了艰苦的抗日斗争，打破了根据地被分割封锁的状态。在这一艰苦卓绝的斗争中，八路军与人民群众紧密配合，同仇敌忾，共御外侮，取得了反“扫荡”、反“集家”、反“割青”等无数次斗争的胜利，并为抗日战争的最后胜利作出了重大牺牲和特殊贡献。

↑ 日军为制造“无人区”而拆烧的房屋

抗日小英雄丙丁火

丙丁火（1929—1944），原名巩树安。热河平泉（今属承德）长胜沟乡人。父亲巩治山、二哥巩树元（丙丁雷）都是乡村医生。1943年2月，巩树元参加了游击队，丙丁火从此成了“八路军小战士”，时常与哥哥一道出入平泉街，为部队购买药品、转送情报。同年5月，丙丁火参加游击队。在6月的一场激战中，丙丁火被日伪“讨伐队”抓到了平泉街，押入日本宪兵队。在宪兵队里，面对敌人的百般利诱，他佯装什么也不知道，敌人信以为真，把他留下来给协合会事务长、日本人仁科当“博役”。在仁科那里，丙丁火忍辱负重，假作殷勤，“忠实”服务。7月中旬，日军吃了败仗，仁科和宪兵队长被游击队除掉。垂头丧气的日军回到平泉就喝酒解愁。丙丁火见敌人个个喝得酩酊大醉，他乘夜幕降临，拿走一支“马三八”大盖枪逃离宪兵队，辗转找到赵洪武游击队。

1944年6月的一天，游击队转移到宁城八里罕。不久，游击队被敌重兵包围。几经突击，部分队员突围出去，队长赵洪武、丙丁火等17人在弹尽无援与敌人肉搏中，不幸被捕。敌人用汽车把被俘的游击队指战员运到八里罕河南，相继杀害了赵洪武和15名战士，妄图以此来威吓丙丁火，使他投降。丙丁火大义凛然、誓死不屈，最终被敌人用刺刀刺杀。

年仅15岁的丙丁火给人们留下了难以磨灭的抗日小英雄的形象，他一直活在人民心中。

新中国成立初，热河省政府副主席、原三区队政委杨雨民曾在热河省委机关报——《群众日报》上发表专文《马三八及其它》，记述丙丁火的事迹，颂扬他的精神，并以之缅怀他、祭奠他。作为勇于为国捐躯的小英雄，丙丁火的抗日斗争事迹可歌可泣，勇敢精神可钦可鉴。正如杨雨民在其撰文中所说：“丙丁火小同志与其他很多为热河人民解放牺牲奋斗的英勇事迹，总是常新的。”

承德保卫战与承德第二次解放

承德保卫战是抗日战争胜利后，中国共产党领导的人民军队打退国民党反动派破坏和平谈判、武装进犯解放区的防御性战役。从1946年1月10日至5月中旬分两个阶段进行，第一阶段：1946年1月10日至1月13日停战令正式生效前，这是直接保卫承德的阶段。在兵力较弱，又缺少友军支援，处境极其困难的情况下，中国共产党领导热河军民以英勇顽强的革命精神，从西、南、东三个方向展开了艰难困苦而又错综复杂的保卫战，终于粉碎了国民党妄图在停战令生效前抢占承德的阴谋，取得了第一次承德保卫战的胜利。第二阶段：从1月13日平泉战斗后至5月的赤（峰）叶（柏寿）战役，这是巩固承德和发展热河解放区的阶段。停战令生效后，国民党军不断破坏停战协定，进行武装挑衅，并进行有计划的军事进攻。2月21日，国民党军以平泉为中心，以4个师的兵力，兵分4路，分别从黄土梁子方向、

↑《华北野战部队战史图集》：我军保卫古北口

↑《华北野战部队战史图集》：美国军舰帮助国民党向东北运送部队

↑《华北野战部队战史图集》：向敌人发起冲锋

二道河子方向、小寺沟方向、桲椤树方向向承德发动武装进攻。冀热辽军民忍无可忍，展开英勇顽强的阻击战，共毙伤敌3000余人，终止了敌人向热河的进攻，热河战场暂处双方对峙状态。

进入5月后，东北大战已经全面展开。冀热辽军区有计划有组织地发动了五月战役，正规军、地方部队、游击队和10多万群众密切配合，共毙伤俘敌2000余人，捣毁车站19座、铁路400余里，炸毁桥梁44座，破毁公路630余里，达到了牵制敌军、配合东北作战的战略目的。承德保卫战的胜利，有效地配合了重庆停战谈判，揭露了国民党破坏停战的丑恶面目，在政治上打击了国民党反动派；在敌强我弱、非常艰难困苦的条件下，打退了国民党军5个军的猖狂进攻，歼敌6800余人，挫伤了国民党军的锐气，牵制了国民党军在东北的兵力，对建立巩固的东北根据地起到了积极作用，在全国解放战争史上写下了光辉的一页。

↑ 承德第二次解放

↑ 热河全域彻底解放

承德保卫战结束后，国民党军队的进攻势头受到沉重打击，热河战场暂时休战。但独裁的国民党政府自恃有美帝国主义的支持，于1946年6月竟然撕毁《双十协定》向中原解放区大举进攻。8月，国民党调遣大批部队进占战略要地热河。8月26日，按照中共中央关于“让开大路，占领两厢”的战略方针，中共承德市委、市政府决定进行战略转移，暂时撤离承德市区，并成立由郭耀臣任书记，郑起茂任副书记，党政合一的承德工作委员会（简称“承德工委”），并同时成立承德武装部队（亦称“公保大队”）。从1946年8月至1948年11月，“承德工委”在十分困难的环境下，先后转战于隆化、围场、平泉、承德等地，通过开展地下工作，打入敌人内部了解掌握驻守承德的国民党十三军的情报；开展武装斗争；物色、选拔优秀分子，举办接管干部培训班等各项工作，为承德的第二次解放做准备。

↑ 承德第二次解放公告

1947年至1948年11月，人民解放军冀察热辽部队通过展开夏季攻势、承德外围攻势，包括隆化、兴隆、围场、丰宁、平泉、青平（含宽城）在内的承德外围各县已相继解放，在承德已变成一座孤城的情况下，国民党热河省省长孙渡和承德县县长陶士君以及国民党十三军部分官兵被迫仓皇撤离承德，逃亡北平。人民解放军冀察热辽先头部队、承德公保大队和承德工委干部于11月12日晚和13日拂晓陆续进入市区，被国民党统治2年零2个多月的承德又回到人民的怀抱。盼望已久的承德市民热烈欢迎共产党干部和人民解放军进城。11月15日，冀热辽《群众日报》发表社论《庆祝承德光复》。11月16日，中共中央发来电报：“庆祝你们收复承德，解放热河全境的大胜利。”从此，承德的历史揭开了崭新的一页。

全国战斗英雄董存瑞

↑ 董存瑞

董存瑞（1929—1948），河北省怀来县人。出身于贫苦农民家庭。抗日战争时期，14岁任儿童团长，曾机智地掩护区委书记躲过日军的追捕，被誉为“抗日小英雄”。1945年7月参加八路军，任某部六班班长。1947年3月加入中国共产党。他军事技术过硬，作战机智勇敢，在一次战斗中只身俘敌10余人。他率全

↑ 董存瑞纪念馆

班苦练杀敌本领，该班被誉为“练兵模范班”，他还被授予“模范爆破手”称号。先后立大功3次、小功4次，获3枚“勇敢奖章”、1枚“毛泽东奖章”。

1948年5月，在攻打隆化城的战斗中，他任爆破组组长，带领战友接连炸毁4座炮楼、5座碉堡，顺利完成隆化中学外围的爆破任务。但连队发起冲锋时，突然遭到敌人一座隐蔽的桥型暗堡猛烈的火力封锁，部队接连两次对暗堡爆破均未成功。董存瑞挺身而出，向连长请战：“我是共产党员，请准许我去！”他毅然抱起炸药包，冲向暗堡，前进中左腿负伤，仍顽强坚持冲至桥下。由于桥型暗堡距地面超过身高，两头桥台又无法放置炸药包。在部队攻击受阻的危急关头，他毅然用左手托起炸药包，右手拉燃导火索，高喊：“为了新中国，冲啊!”与敌人同归于尽，用生命为部队开辟了前进道路，牺牲时年仅19岁。

↑ 董存瑞父母

↑ 1948年5月25日，打响了承德外围攻坚战——隆化战斗

↑ 我军发起总攻

“董存瑞”式的好战士郅顺义

郅顺义（1918—2005），河北省丰宁县人。入伍时被分配到冀察热辽军区独立第五旅三团二营六连六班，班长是董存瑞。1948年5月，我军攻打隆化。董存瑞为爆破组组长，郅顺义为突击组组长。战斗中，郅顺义率突击组随爆破组攻击前进，掩护爆破，连续炸毁敌人4座炮楼、5座碉堡后，又独自一人掩护董存瑞冲到敌桥堡下，目睹了英雄舍身炸碉堡的最后壮举。董存瑞视死如归、为国捐躯的大无畏革命英雄主义精神，极大地激励了郅顺义。1950年郅顺义被授予“全国特等战斗英雄”称号。

1960年冬天，作为管理股长的郅顺义积极响应号召，带头节衣缩食，组织人员到远离单位的蒲河中捕鱼。当时正值数九天，年过四十的他和大家一起凿冰，拉网。手套不够用，他先给战士们用，当时天气寒冷，手上沾了水很快就会冻伤。战士们吃不饱饭，他忍着饿，把自己碗里的饭拨给战士吃。打到的大鱼、好鱼都运回营房，打鱼队的同志们只吃一点小鱼、孬鱼。到后来，鱼渐渐少了，他们干脆就不吃了，全部运回营房。有的战士对此不太理解，郅顺义就耐心解释说：营房里的同志们也在挨饿，我们少吃一点，家里同志们就可以多吃一口。到了20世纪70年代，身为师级副政委的郅顺义仍然过得十分简朴，家中除了几件公家配的物件，就别无他物了。身边其

↑ 郅顺义

他干部穿的、用的比他好，一些人看到后觉得奇怪，便问他为什么，他给人们讲了两个故事：一个是他刚入伍的时候，身着一身破旧衣服，董存瑞看见后就把自己一直珍藏着舍不得穿的一套旧军装和一双新鞋子送给了他，而董存瑞自己穿的却是打着补丁的衣服和鞋子；另一个是在一次追击敌人的时候，他们一天一夜都没有吃上饭，身为班长的董存瑞将上面分的一点黑豆煮熟了分给大家吃，而自己只喝了几口汤。郅顺义说道：“这就是我的老班长董存瑞留给我最宝贵的财富——优良的革命传统，一个共产党员就要做到吃苦在前，享福在后；对待同志和群众要关心和爱护，亲如一家人。”

↑ 郅顺义（右二）在讲述董存瑞舍身炸碉堡的事迹（1973年）

郅顺义以身作则的行为也得到了党和国家的认可，曾多次被邀请进京，受到了毛主席的亲自接见，大家评价他是“董存瑞”式的好战士。

特等烈军属模范李老太太

李老太太（1875—1953），河北省隆化县四道营村人。1893年，她与疙瘩营团山子村李茂林结婚，李老太太没有名字，随夫姓。她先后生育一个女儿、五个儿子，全家八口人，靠祖辈留下的几亩河滩地维持生活。1924年，一场大水把庄稼全部冲毁。全家披星戴月、拼死拼活给地主扛活，还是难以维持生活，最后不得不把女儿卖给人家当童养媳。1934年，丈夫积劳成疾，与世长辞。生活的重担压在了李老太太的身上，她带着孩子挣扎在死亡线上。

1945年隆化第一次解放后，共产党派王忠三、张中平等人来到疙瘩营村，发动群众搞土地改革，斗争恶霸地主，并成立了农民协会和清算委员会，她的大儿子长春被推选为十三个村的清算委员会主任。这翻天覆地的变化，使李老太太懂得了穷人只有在共产党的领导下，才能翻身求解放，只有打倒地主恶霸推翻旧社会才能过好日子。她立即让四个儿子参加区委领导的武工队，小儿子长全参加解放军。有人劝她，还是把孩子留在身边好照顾自己，她坚决地说："不消灭国民党、土匪、还乡团，把儿子留在身边也没有好日子过。"小儿子长全于1946年光荣牺牲。1947年10月，武工队与

↓ 李老太太的家乡——隆化县四道营村

国民党军队在隆化县张三营东山上发生激战，敌众我寡，长青、长秀等三人留下掩护其他战士撤退。长青和长秀英勇杀敌，同敌人展开了肉搏战。长秀杀死九名敌人后，英勇牺牲。长青被敌人抓住。他们想从长青嘴里知道武工队的情况，先用严刑逼供，后用高官厚禄诱降，花招用尽，一无所获。气急败坏的敌人将长青双脚拴在马上，在乱石堆上拖来拖去。但长青咬紧牙关一声不吭，最后壮烈牺牲。1948年春，长春和长荣也在战斗中英勇牺牲。

李老太太为了人民的解放事业，牺牲了五个儿子。1951年，热河省召开首届英模大会，授予李老太太特等烈军属、光荣的母亲称号。1953年2月9日，李老太太因病逝世。

抗美援朝“独胆英雄”徐申

徐申（1926—2003），河北省承德县（今属承德市）六沟镇闫家沟村人。10岁起徐申就与父兄租种地主的土地，以种菜粮度日。1947年他曾以暴力抵抗国民党抓兵，1948年投身于共产党领导的土地改革，分得了土地、房屋，并在运动中出任村民兵队长和治安委员。1950年6月加入中国共产党。同年11月参军，先后在中国人民解放军第六十五军一九三师六七七团和中国人民抗美援朝志愿军

↑ 著名作家巴金（中）与徐申（左）在朝鲜战争中

长征部队一大队当战士、班长。1951年初赴朝鲜作战，他曾以修工事、帮战友的突出成绩荣立三等功。同年6月，徐申随部队进入已被敌机、大炮、汽油弹炸成秃山光岭的涟川防御阵地，与美国王牌军“骑兵第一师”激战。从当日凌晨至中午和战友并肩打退了敌军在13架飞机、17辆坦克和数门大炮掩护下的两次阵地进攻。徐申所在连队伤亡严重，仅剩下他和4名伤员。面对数十倍于我的敌军兵力，徐申毫不畏惧，带领4名伤员坚守阵地，他有效地运用阵地上的轻重机枪、爆破筒和手榴弹等武器，多面出击，连续打退美军5次疯狂进攻，歼敌百余人，荣立战地一等功，志愿军总部授予他“二级独胆英雄”称号。1951年10月1日，徐申作为中国人民志愿军代表参加中华人民共和国国庆观礼，其母亲、妻子和女儿也应邀参加毛主席举行的晚宴。1952年，朝鲜民主主义人民共和国授予他“二级战士荣誉”勋章。1953年他回国后，历任排长、指导员，先后多次为军队、地方做事迹讲演。1960—1979年先后在中国科学院地球物理研究所和中科院一〇九厂担任工会主席、党支部书记职务，后离职休养。2003年7月在北京病逝，享年77岁。

李树森：抗日先锋 建设楷模

李树森（1902—1980），河北省平泉县（今平泉市）柳溪乡光头山张家营村人。1940年3月，八路军游击队队长李青山（李秀）带领李怀义等17名同志到光头山一带开展革命活动，住在李树森家里。游击队走到哪里宣传到哪里，空闲时间还为老百姓挑水、磨面、扫院子，这一切深深感动了李树森一家。从此，李树森便主动接近李队长，听他讲革命道理。9月，一位游击队员找到李树森，让其承担地下联络员工作，他果断地接受了这一重要任务。自此，他经常出入宁城的黑里河、承德县的高山营一带，为八路军游击队送信，侦察敌情。

1943年2月4日夜间，日军调动伪满特务、宪兵、警察和伪满洲军共300余人包围了光头山一带，对张家营进行大逮捕。李树森因掩埋八路军游击队指导员遗体一事被告密，日军把他抓到黄土梁据点，严刑拷打，但他毫不畏惧，坚强不屈，几天时间，敌人动用6次酷刑，李树森先后昏过去5次，经受了一次次的毒打和审问，使敌人枉费心机。2月7日，敌人把他押送到监狱判刑20年。

李树森被捕后，敌人对他家人进行惨无人道的迫害，好端端的一家8口人，只剩下李树林的妻子和两个孩子。母女三人白天沿街乞讨，晚上到娘家马架子"部落"投宿，受尽了磨难。

悲惨的遭遇，使李树森更加坚定了革命的信念，振作了革命精神。抗战胜利回到家乡后，他积极开展工作，于1949年加入中国共产党。新中国成立后的三十几年来，他先后担任张家营村党支部书记、张家营子乡乡长等职，带领群众造林、育林、护林，积极开展多种副业生产，使家乡面貌发生了很大变化。中央新闻纪录电影制片厂和《华北民兵》分别记录和刊载了李树森造福人民的事迹。

1957年李树森出席全国劳动模范大会，受到毛泽东、刘少奇、周恩来、邓小平等党和国家领导人的接见。

“大粪专家”孙喜

孙喜（1930—2002），河北省丰宁满族自治县大阁镇南辛营村人。1944年参加人民解放军，1949年复员回到家乡务农。回乡后，相继担任南辛营村的粪便管理员、大粪专业队队长、村党支部书记，被誉为“大粪专家”“红状元”。

孙喜从1953年开始为集体挑大粪，先后干了12年。12年里，他干一行爱一行，把全部身心用在了大粪管理上。他不顾家里人反对、村里人讽刺，整天工作在大粪场，挨家挨户挑粪尿，从不嫌脏，也不叫累。他不仅实干，还善于动脑筋。起初，他采用笨方法，摊大粪，晒大粪干，然后用榔头砸成粪面施用。结果粪肥不但质量不高，风吹四散，造成很大浪费，而且极不卫生，群众意见很大。为解决这些问题，孙喜冥思苦想，反复琢磨，终于研制出新的粪肥管理办法。他把全村各家各户的猪粪、牛粪、羊粪和鸡粪集中起来，反复钻研、试验，终于在粪肥发酵无害处理上闯出一条新路来。他根据实践经验和当地情况，先后创造“快壶式”“蒸笼式”“锅炉式”“自然混合式”和“周桥子式”多种粪肥科学发酵方法。这些方法不仅因地制宜，平地坡地可发酵，春夏秋冬均可处理，最大限度地利用了肥效，而且使全村粪便全部利用，卫生环境大大改善。

↑ 承德丰宁的“大粪专家”——孙喜

孙喜发明的粪便科学发酵无害处理方法在农业生产中得到了应用，并产生了明显的实际效果。1964年，他率领专业队一面搞粪肥发酵，一面种植试验田。结果，秋季谷子亩产533斤，玉米亩产664斤，比施用未发酵的地块产量高出很多。他为低产地区增产粮食闯出一条新路，为发展农业作出了重要贡献。

1958年12月，孙喜当选为全国劳动模范，受到毛泽东、刘少奇等党和国家领导人的接见，并亲自为国家主席刘少奇做了科学发酵粪肥表演，得到了高度赞扬。

“绊马河精神”的典范张唤余

张唤余（1954—2010），满族，1989年任绊马河村党支部书记。绊马河村曾是国家扶贫重点村，1988年以前，全村人均年收入只有七八十元，人均口粮百斤左右。

1989年，张唤余被选为村党支部书记，上任的凳子还没坐热乎，就带领乡亲们打响了整治青龙河、改河造田的战斗。他们顶着初春料峭的寒风，苦干40天，在青龙河边筑起一条“驱河坝”，把河水“赶”到西山根，在河滩上造地150亩。当年夏天，张唤余又带领突击队苦干一个半月，在河边的岩壁上凿出一条隧洞，把青龙河水引到地里，把旱地变成水田。绊马河人第一次吃上了自己种出的稻米。1989—1993年，绊马河村的粮食产量从4.2万公斤增加到30万公斤，彻底结束了缺粮的历史。

1994年连续两次特大洪水袭击了绊马河村，全村冲毁土地500多亩，冲走果树近万棵，新修的大坝和水渠也被冲毁了。面对严重的灾情，张唤余带领全村党员群众积极进行生产自救，重建家园，仅用一年多的时间就恢复到灾前的水平。目睹这一幕幕动人的场景，省、市、县领导称赞绊马河人这种自强自立、艰苦奋斗精神以及在特大洪水面前表现出来的不屈不挠，冲不垮、压不弯的精神，是“绊马河精神”。

绊马河村交通闭塞，修路需要大笔资金。为了解决资金问题，张唤余一方面积极向上级争取立项，另一方面组织群众挖砂、采石、养猪、养鸡，半年时间为修路创收资金近3万元。修路工程开始以后，张唤余晚上回村安排工作，白天扎在工地上带领群众劈山开石，由于劳累过度晕倒在工地上，连人带车滚下山坡，不省人事。脱离危险以后，他就执意出院，头上裹着纱布又出现在修路工地上……

多年来，张唤余就是凭着这股拼劲和韧劲，带领乡亲们架起了青龙河大桥，修通了公路，通了电，通了电话，通了广播，建起了学校，办起了铁选厂、养猪场和养鸡场，集体经济得到较快发展，村容村貌也发生了显著变化。他被评为全国劳动模范、被选为第九届全国人大代表。他就是“绊马河精神”的典范。

中国当代优秀诗人郭小川

郭小川（1919—1976），原名郭恩大，河北省丰宁满族自治县凤山镇人。1933年随家人逃难到北京。一二·九运动后积极参加抗日救亡运动，是党领导下的民族解放先锋队文艺青年联合会的活跃成员，开始用诗歌作武器。郭小川在抗日战争前期写的《滹沱河上的儿童团员》《我们歌唱黄河》《草鞋》等诗篇，虽然稚嫩，存在尝试和摸索的痕迹，但是它们表达了诗人热爱革命生活的真挚感情，也初步显示了他善于捕捉革命斗争生活中的动人场景的艺术才能。七七事变后参加八路军，1941年初到延安。这个时期写诗不多，郭小川把全部精力放在实际革命工作上，几乎没有拿起笔来写诗。然而艰苦而丰富的革命工作实践、党的理论宣传工作给诗人带来的较高的思想理论修养，却从生活上和思想上为他以后的创作打下了坚实的基础。

解放战争期间，郭小川任丰宁县县长。1948年起先后在冀察热辽的《群众日报》《天津日报》工作。1949年5月随军南下，长期在中南地区和中宣部做党的理论宣传工作，并与陈笑雨、张铁夫以“马铁丁”的笔名合写了大量“思想杂

↑ 郭小川

↑ 《郭小川全集》

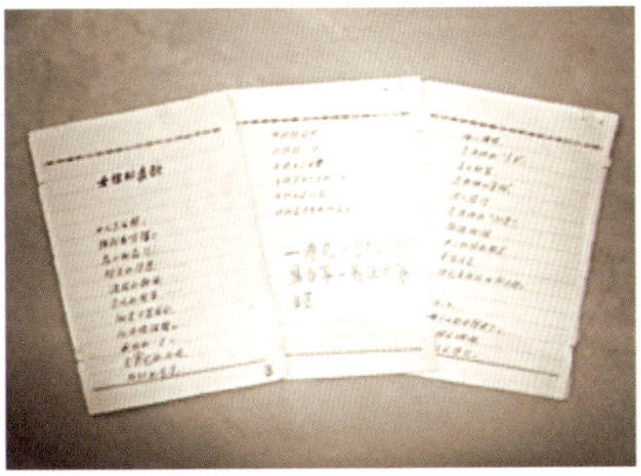

↑ 郭小川作品

↑《甘蔗林——青纱帐》

谈”，影响较大。1955年调任中国作家协会党组副书记、书记处书记，并任《诗刊》编委。1962年调任《人民日报》特约记者。

1955年发表政治抒情诗《投入火热的斗争》，随后陆续发表以《致青年公民》为总题的组诗。这些诗充满激情、展现创作者宽广的胸怀，产生很大影响。此后，叙事诗《白雪的赞歌》《深深的山谷》《一个和八个》等，以及抒情诗《望星空》曾引起批评和争议。20世纪60年代的诗作思想更显深沉，艺术上更纯熟，热情洋溢地歌颂了战争年代的战士和当代的建设者，如《甘蔗林——青纱帐》《秋歌》等。“文化大革命”时期受四人帮迫害，到农村干校劳动，当时诗作如《团泊洼的秋天》，表现了诗人的高尚情操。

他的诗激情澎湃，具有丰富的想象和深刻的哲理，在诗歌形式上借鉴了古代诗歌和民歌的优点，语言节奏鲜明、流畅。

1976年粉碎“四人帮”后，他万分高兴，却不幸被一场意外事故夺去生命。

燕山诗界又一领军人物何理

何理（1937—2010），笔名过路桥。河北省兴隆县人。中学时代开始写诗，1955年出版第一本诗集《唱一唱农村》，1956年参加第一次全国青年文学创作者会议。1963年大学毕业后分配至《河北文学》任编辑。1971年调回承德，先在地区文化局任创作组长，后调地区文联工作，任承德作家协会主席。

↑ 何理

何理是以写民歌体新诗走上诗途的。中学时代，他把百十来首民歌体短诗寄给中国作家协会，意外地出版了第一本诗集《唱一唱农村》，随后出版《喜报》，两部诗集多为短诗，以质朴的感情、清新的笔调、民歌的风韵，歌颂党，歌唱家乡的人民，表现新社会带来的各种新气象。作者的诗心还从热爱家乡扩大到热爱祖国，对抗美援朝、全民普选、宪法颁布等重大事件在农村引起的热烈反应都有积极表现。

中国民间文化遗产抢救工程
THE PROJECT TO CHINESE FOLK CULTURAL HERITAGES

承德的饮食文化，经过多年沉淀形成自己独特的气质与风雅。这些风味美食既博采了宫廷和各地小吃之精华，又兼收各民族小吃之风味而源远流长。承德吸引八方来客的不仅是美食，还有承德山山水水馈赠给承德人民的土特产品。

↓ 沉甸甸的谷穗

第七章
物产美食

↓ 兴隆山楂

民以食为天，吃是人生第一大要事。但随着社会的发展、物质的极大丰富，以及人们饮食观念上的改变，美食已不仅是满足人们生存的需求，而是成为一种文化，一种舌尖上的享受。人们从味道中品尝着生活的酸甜苦辣，人们也通过味道去追求营养、追求健康。

如同民间文学一样，饮食文化也与地域环境息息相关。一个区域有一个区域的煎、炒、烹、炸、煮、蒸、烧、烤方法，一个区域有一个区域的酸、甜、咸、辣、苦口味，因此才有了鲁菜、淮扬菜、川菜、粤菜等不同菜系。承德的饮食虽入不了这些名流，却也经过多年的沉淀，形成自己独特的气质与风雅。承德饮食文化的积淀开始于清康乾盛世。承德自从成为一个城市，特别是木兰围场与避暑山庄和外八庙建立以后，各族首领每年都要来这里觐见皇帝，一些王公重臣纷纷在承德营造府邸，清政府也顺势实行奖励开放政策，于是这里成为“商贾辐辏，酒旗茶旌，辉映相望，里闾栉比，吹弹之声彻宵不休”的贸易集市的重要场所。又由于这里南来北往人口庞杂，全国各地的名吃佳肴云集市肆，五花八门的风味小吃竞相发展；同时，还有宫廷御膳不断流入民间。这些风味美食既博采了宫廷和各地小吃之精华，又兼收各民族小吃之风味，而后精彩纷呈。

承德饮食文化的继往开来是在改革开放以后。承德作为对外开放的旅游城市，饮食文化成为招揽八方来客的招牌。旅游业六要素“吃、住、行、游、购、娱”中“吃”是第一要素，品尝当地名吃、传统风味、特色小吃是游客的必选。好在承德的美食家们没有让游客失望，他们挖掘和创新并举，为游客奉献出100多种美味佳肴，让各地游客闻香而动，纷至沓来。肉制品类如熏兔肉、酱驴肉、烤野鸭、陈家熏鸡；米面类如油酥饽饽、满把烧卖、驼油丝饼、荷叶饼、瓤子烧饼、管氏驴肉火烧；杂面类如一百家子御拨面、一百家子荞面饸饹、驴打滚、切糕、蜂糕、油豆面茶；糕点类如鲜花玫瑰饼、京糕、南沙饼、水晶饼、麻仁舌饼、大救驾；药膳类如山药鸡丝面、茯苓豆沙糕、肉豆蔻馒头；保健茶饮类如莲子芯茶、银耳茶、金莲花茶、秋梨膏；等等。

承德吸引八方来客的不仅是美食，还有承德山山水水馈赠给承德人民的土特产品，如山楂、木耳、蘑菇、大扁、板栗、杏仁露以及承德地产的美酒山庄老酒、板城烧锅酒、九龙醉等，都成为游客们争相选购的伴手礼。

↓ 豌豆糕

名优特产

承德区域山多林多、水资源丰富的优势环境，让许多独具特色的土特产品在这块土地上生根开花结果。承德杏仁、兴隆山楂、平泉香菇、丰宁黄旗小米、隆化大米、宽城板栗、都山水豆腐、杏仁露等种类繁多、历史悠久的地方物产，让承德有了“土特产品之乡”的美誉。

↑ 兴隆山楂

兴隆山楂

长城脚下的兴隆县盛产山楂，山楂又名红果，所以兴隆被称为红果之乡。兴隆县地处燕山南麓，是个“九山半水半分田”的山区县。这里四季分明，温差大，日照时间长，充足的光照让这里生长的山楂果实的糖分增加。加上空气好，人口密度小，山楂生长在天然氧吧里，因此色泽赤红而个大，肉质肥厚而柔韧，味酸甜而清口。兴隆县山楂种植历史悠久，早在明嘉靖年间（1522—1566），兴隆山楂就被视为贡品、珍品。如今在兴隆，百年以上的大山楂树依然枝繁叶茂、硕果累累。山楂除鲜食外，还可制成汁、露、糕、酱、蜜饯等。兴隆山楂还具有较高的药用价值，自古便是有名的“果子药”。兴隆县山楂栽培面积15万亩，常年产量18万吨，面积、产量均居中国县级首位，为中国国家地理标志产品。

隆化大米

↑ 插秧

隆化大米，是隆化县特产，中国国家地理标志产品。隆化县有着悠久的水稻种植历史，素有“河北大米之乡”的美誉。清康熙帝曾命人在隆化县境内的中关行宫、张三营行宫种植水稻，专供圣驾避暑时御用，“河谷大米山间生，天子品来不思京”的佳话更是在民间代代相传，因此隆化大米曾被誉为“御稻米”。隆化大米胶稠度高，直链淀粉含量适中，垩白粒率低，米粒呈椭圆形，晶莹剔透，米饭绵软可口，香气浓郁，冷饭不易回生。

黄旗小米

↑ 黄旗小米

黄旗小米原产于丰宁满族自治县黄旗镇。这里坐拥潮河源，土质肥沃，气候温凉，雨量适中，十分适宜谷物生长。且生长周期长，一年只收一季，利于谷子中干物质的积累与保存，使小米营养丰富，颗粒饱满。据说黄旗小米是因康熙皇帝而扬名的。清康熙二十二年（1683），康熙帝和一众王公大臣出塞巡视狩猎，途经黄旗正值饭时，康熙寻到一农家想吃点农家饭，主人便给端上来一大盆金黄黄的小米饭。康熙吃了这小

黄旗小米

稻谷飘香

除草

收割

割地

米饭觉得味香似茶，口感如肉，回朝后便把这黄旗小米定为朝廷贡米，从此黄旗小米便有了“康熙贡米”之称。如今黄旗小米的产地范围扩大为丰宁满族自治县行政区划内黄旗、大阁、土城、凤山、黑山嘴、波罗诺等20个乡镇，为地理标志保护产品。

承德杏仁

承德山区盛产杏仁，产量居全国第一。尤其是有一种杏仁叫大扁，因其品种独特，仁果饱满，又大又扁而得名。承德大扁营养丰富，含有大量的蛋白质、脂肪、碳水化合物、钙、磷、铁及各种维生素，较一般杏仁营养价值更高，多被用作宴会上的干果或冷盘以佐餐，还曾经是慈禧太后必不可少的美容佳品。杏仁既可生食，亦可制成杏仁霜、杏仁露等多种风味独特的食品和饮料。全国著名饮品承德杏仁露即采用承德优质杏仁为原料。杏仁不仅是食用佳品，

↓ 承德大杏

还可以入药，由大扁杏仁制成的营养滋补剂，有润肺、祛风、散寒、清泻等疗效。它的果肉可制成杏干、杏脯、杏酱和杏罐头，也可用来造酒或制醋。

↑ 宽城板栗

宽城板栗

宽城板栗有“东方珍珠”之美誉，荣获“河北省农业名优产品称号”。宽城县地处燕山深处，土壤富含铁，光照充足，雨热同期，昼夜温差大，适宜板栗生长。宽城板栗果面褐红油光，果肉黄白适宜，果实饱满，粒大均匀，食用甘甜适口，果皮炒熟易剥。宽城板栗营养价值高，含有多种维生素和矿物质，具有健脾胃、益气、补肾、强筋、止血和消肿强心的功用。

↑ 宽城板栗树

平泉香菇

平泉香菇是平泉市特产，2010年12月24日，原农业部批准对平泉香菇实施农产品地理标志登记保护。平泉香菇营养丰富，具有菇质紧实、菇盖厚、柄短、不易开伞的独特外在品质，菌盖表面呈灰白色至浅褐色，表面光滑或花纹明显，外表含水量低，以口味纯正、清香、有韧性著称。平泉自古就是

↑ 平泉蘑菇

蘑菇的主产地，《雍正年八沟厅备志》就有“蔬之属，松、蕨、芥皆有之，其著者，则有蘑菇，营盘蘑最鲜美，以屯营之地粪壤肥沃故也”。此前有柳贯《后滦水秋风词四首》其中之一诗曰：“沙头蘑菇一寸厚，雨过牛童提满筐。”平泉有适宜香菇生产的土壤。这里四季分明，昼夜温差大，晴天较多，气候干燥，非常适合香菇生长缓慢、变温结实的特性。这里水资源丰富，域内5条河流川流不息，且水质属中性，适合香菇生长的酸碱度要求。这里还有适合香菇生产的林木资源，为香菇生产提供了充足的原料。

平泉县有11家香菇出口企业，以保鲜、

↓ 平泉蘑菇大丰收

速冻、盐渍为主的香菇产品出口至美国、日本、韩国等16个国家和地区，年出口额2000多万美元，成为全国最大的反季节香菇生产基地。平泉市先后被国家有关部门评为“全国食用菌行业先进县”“中国食用菌之乡”“全国小蘑菇新农村建设优秀示范县”等。

板城烧锅酒

板城烧锅酒为承德县板城镇特产。板城烧锅酒传承已有三百多年的历史，主要采用传统五甑酿造技艺，以优质高粱和小麦为主料，经5次精蒸、独特窖藏老熟等工艺精心酿造而成。特别是板城烧锅所用之水，全部取自滦河之滨地下深层水，水质清冽晶莹，经国家地质专家鉴定，水纯低钠，富含硅、锶等多种有益于人体健康的矿物质及微量元素。据传，清乾隆三十八年（1773），乾隆与纪晓岚微服私访至承德下板城庆元亨酒店，突闻酒香扑鼻，遂进酒店畅饮。君臣二人酒兴之余，诗兴大发。乾隆帝先声夺人，先出上联：“金木水火土。”纪晓岚才思敏捷，巧对下联：“板城烧锅酒。”正是这一副对子，成为板城烧锅酒文化的衍生点。板城烧锅酒以“五行入酒”为理论，将金之刚、火之烈、木之精、水之柔、土之厚，以不同的形式吸纳到酒之中，酿出的板城烧锅酒香味协调，香中有味、味中有香，饮后口不干，不上头，独具北方淡雅型酒香特色，是其他地域不可复制的酒中佳品。板城烧锅酒先后获“中国驰名商标”“中国名酒”等荣誉。2008年，板城烧锅酒传统五甑酿造技艺入选国家级非物质文化遗产保护名录。2010年，原国家质检总局批准对板城烧锅酒实施地理标志产品保护。

山庄老酒

山庄老酒是承德市特产，厂址位于有“鸡鸣三省”之称的平泉市。山庄老酒历史悠久，其酿造历史长达4000余年（承德避暑山庄实业集团生产的“山庄老酒”系列酒，历史源头是4200年前的夷狄造酒）。清康熙四十二年（1703），始建避暑山庄，康熙在避暑山庄庆功畅饮平泉美酒并御封山庄老酒，山庄老酒由此得名。山庄老酒酒色澄清透明，酒体醇厚，品之窖香浓郁，回味悠谐、绵甜醇和，尾净味长，多饮不上头，不口干，是一种风格独特的白酒。其独特的风格来自独特的生产工艺、独特的水质、特定的地域和自然环境以及独特的微生物群落。山庄老酒以高粱为主要原料，优质小麦和大麦、豌豆混合配料酿制而成。在酿造方面，首先是培制中、高温曲，而后采用中、高温大曲并用续糟（或渣）配料，清蒸混烧，经发酵缓火蒸馏，掐头去尾，中温流酒，分段摘酒。最后，取其精华，陶罐密封，适温贮存，令酒香更加浓烈，味道更加甘甜。“铁帽子”是山庄老酒集团下的一个品牌。据说“铁帽子”得名于清太宗的一句戏言。1629年12月，皇太极亲率大军取道蒙古，从喜峰口入关直取京城，途经八沟古镇，派人在镇内寻得美酒犒赏三军。皇太极与八大王豪饮大醉，一觉醒来发现八大王的铁盔全都扣在酒坛之上，众人无不称奇。太宗灵机一动戏言道：就称此酒为铁帽子酒。八珍御酒为山庄老酒集团又一款备受消费者青睐的品牌。八珍御酒是典型的果酒性白酒代表。据《清宫秘史》记载和民间传说，康熙皇帝因身体虚弱饮用由民间供奉的八珍旨酒后，身强体健，神清气爽，遂亲封此酒为“八珍留春”。康熙御驾亲征平定噶尔丹叛乱后，在承德避暑山庄曲水荷花亭以此酒宴请功臣将士，又将“八珍留春”改封为“八珍御酒”，并即席赋诗：“荷气参差远益清，兰亭曲水亦虚名。八珍旨酒前贤戒，空设流觞金玉羹。”到20世纪80年代，经过挖掘整理宫廷秘方，开发研制的八珍御酒以其独特的功能和深厚的文化内涵赢得了海内外客商青睐。“末代皇帝”溥仪之胞弟溥杰先生有诗赞曰：“故苑八珍传御宴，平泉河北诩山庄。春回樽底红潮泛，酒国乾坤日月长。”如今山庄老酒中的系列众多，有红彩、牡丹红、小青花、盛世红、皇家窖藏等品牌。2008年山庄老酒传统酿造技艺入选国家级非物质文化遗产保护名录。2011年荣登“中华老字号”，成为河北省的白酒代表。

↓ 山庄老酒罐装车间

宫廷御膳

据史书记载，清代宫廷御膳十分考究，一讲器美，二讲形美，三讲味美，四讲应时，诸如清代宫廷的满汉全席，有蒙古族、回族、维吾尔族喜食的涮羊肉、火锅，汉族喜食的甜食、糕点、煎炒烹炸及各类拼盘等。据说自乾隆末年以后，一些在御膳房做事的师傅离宫后大多定居热河，在市街开设店铺，因此承德普通百姓有机会尝到宫廷御膳的美味。

油酥饽饽

承德满族人习惯把面制品称为“饽饽”，制作方法分为蒸、烙、烤、煮几种。承德一带制作各类饽饽已有三百多年的历史。清代康熙、乾隆皇帝每年来避暑山庄几乎都要吃饽饽。据乾隆四十四年（1779）和嘉庆二十五年（1820）《驾幸热河哨鹿节次照常膳底档》记载，乾隆和嘉庆帝在承德食用过“匙子饽饽”“酥饽饽”“炉花饽饽”“奶油饽饽”“澄沙饽饽”“白面丝糕”等二十多个品种。乾隆末年，一些在御膳房做事的厨师离宫去职后，有的即在市街开设店铺，专以制作饽饽为业。清末至民国初年，热河市街专营饽饽的店铺有几十家，业主大多为回族，较有名气的是王记明盛馆、二道牌楼陈记烧饼、杨记澄沙包、张三把大锅饼等。新中国成立后，尤其是近年来，方便食品越来越受到人们青睐，市区各饭店大都兼营饽饽。最受承德人欢迎的饽饽是油酥饽饽、丝糕、叉子火烧、混糖锅饼，这四种饽饽被承德人誉为“饽饽四绝”。

1986年12月，在北京民族文化宫举行的世界旅游博览会上，“饽饽四绝”得到国际友人的好评。

一百家子拨御面

一百家子拨御面是清代乾隆皇帝封的。清朝时，一百家子村是皇家木兰秋狝的必经之地，并在这里设有行宫。乾隆二十七年（1762），乾隆率众木兰秋狝返回承德避暑山庄途中驻跸张三营行宫。夜宵中，行宫主事周桐安排用一百家子白荞面做成拨面，配以肉丝、鸡汤、鲜蘑等做成的面卤，乾隆吃得极为开心，称赞这白荞面是“玲珑剔透，欺霜赛雪”，并封其为御面。“一百家子拨御面”由此问世。从那时直到慈禧太后执政的近一个半世纪的岁月里，一百家子白荞面一直是给朝廷必备的贡品。一百家子白荞面的确是独一无二的，承德民间有句民谣：“滦河沿的砂子，金沟屯的笆子（一种盖房子用的编织品），吃白荞面上一百家子。”人们都知道，所有的荞面都是黑色，唯独一百家子的荞面是洁白透明，据说这种白荞面只有用一百家子的水才可做出这种味道。

↑ 一百家子拨御面

20世纪70年代后期，青年厨师辛占武经调查、实践，恢复了这一传统技艺，并把这“绝活儿”带进了钓鱼台国宾馆，为国家领导人、中外来宾制作了从张三营专程运去的白荞面做的“拨御面”，受到国际友人的好评。拨御面的主要用料有：一百家子白荞面、老鸡汤、猪肉丝、榛蘑丁、木耳、盐等。其制作方法是：先将荞麦面的一部分用滚开水烫过和好，另一部分则用冷水和匀。春夏秋冬四季各有不同烫法：春秋季需烫五分之三，夏季只烫四分之一，冬季则需烫三分之一；然后将面揉成一团，饧十分钟以上；把面放在拨面板上，面板的一端顶住滚水锅沿，用拨刀向滚水锅中拨面，拨面时，腕子用劲，要求快、准、均、细。用老鸡汤、猪肉丝、榛蘑丁、木耳、盐做卤，浇在拨面上即可。常吃拨御面有开胃健脾、降低血压的功效。

八沟改刀肉

平泉在清代称为八沟，八沟改刀肉是清道光二十年（1840）传入平泉的一道名菜，距今有一百八十多年的历史。改刀肉原是清代宫廷御膳的一道菜，为御膳房主厨刘德才师傅多年研究所创，由精猪肉、水发干笋经数道工序加工而成，从选料到装盘都十分讲究。据说，当年八沟的改刀肉和南沙饼，除香美味鲜外还能保存很长时间不变味，说是拉骆驼的人从八沟拉着骆驼带上南沙饼、改刀肉走到西藏，还是原味不变。时至今日，八沟改刀肉已经成为平泉各大饭店、酒店的一道传统名菜。

八沟改刀肉，选用精肉、水发干笋为主料，辅以鸡汤、口蘑汤、酱油、干醋、料酒等多种佐料，经数道工序加工翻炒而成。肉丝、笋丝细如火柴杆，色泽金黄，装盘后形如金字塔，醇香适口，香而不腻，味道鲜美，色、味、形俱佳，是平泉土特产家族的一个重要成员。

宫廷御膳饼

宫廷御膳饼俗称糖饼，原为清宫廷御膳之一，御厨刘德才老师傅流落八沟时，将手艺带到此地。此饼以精制面粉为主料，配以白糖、白油、青丝、玫瑰等十几种配料，经多道工序加工，色泽金黄，边缘银白，饼多层且薄如纸。饼因馅儿分为五种：白糖、白荞麦面和馅儿为南沙饼；白糖、肥肉末和馅儿为水晶饼；白糖、澄沙和馅儿为澄沙饼；白糖、芝麻和馅儿为麻酱饼；香油、白糖、桂花和馅儿为哈达饼。五种饼同装一盒，以饼上红点标记。御膳饼味香酥甜，包装精美，可作为招待贵宾、馈赠亲友之佳品。

满族火锅

火锅是满族人最喜欢的一道菜肴。满族人为什么喜欢吃火

↓ 制作宫廷御膳饼

锅，这里面还有一段故事。据说，清太祖爱新觉罗·努尔哈赤带领部下在行军途中，为了节省时间就把猪、羊、牛肉等放在一口锅内烧煮，吃起来味道很是鲜美，于是这种吃法就流传了下来。据说，乾隆皇帝更是酷嗜火锅。他在位期间，一次巡幸吉林，所到之处，地方官投其所好，争以当地各式火锅进献，上行下效，朝野上下食用火锅成风。火锅还成了一道宫廷菜，清宫御膳食谱上有“野味火锅”的记载，用料是山雉等野味。还传说乾隆皇帝退位时想效仿他爷爷康熙在宫中办个盛宴，和珅建议办千叟宴。乾隆说他爷爷退位时就办了千叟宴，但太冷，老人们受不了。和珅说，那吃火锅涮羊肉吧，暖和。于是，乾隆就在嘉庆元年正月大摆“千叟宴”，全席共上火锅一千五百五十多个，应邀品尝者达五千余人，成了历史上最大的一次火锅盛宴。宴席上，各地的老人们暖暖和和地吃了顿饭，回去都夸乾隆皇帝圣明，火锅就在全国流传起来了。

据了解，在满族历史上出现过雀火锅、天上锅（飞禽锅）、地上锅（走兽锅）、水中锅（鲜鱼锅）、渍菜白肉火锅等。满族火锅的传统吃法，与普通的“涮锅子”不同，一般在冬季，先将肉汤倒入锅内，有的煮沸，然后将切好的酸菜、豆腐片、粉丝、猪（羊）肉片等分层次放入锅中烧沸，并备好蒜泥、韭花酱、辣椒油，近年来又增加味素、酱油等佐料。上桌，食者围坐锅旁，边煮边吃，味道鲜美，且可祛寒。过去满族家庭，有些在炕桌中间装一可合可开的圆板，吃锅时将板掀起，将锅置于圆桌内，可使炭灰不落桌上，而且锅放置稳当；近些年则不见如此做法，改为把锅放置盘内摆于桌上。

满族八大碗

满族人宴请宾客有喜用八大碗的习俗。《满族旗人祭礼考》（《黑龙江民间文学》1983年第8期，作者傅英仁）记载：宴会则用五鼎、八盏，俗称八大碗，年、节、庆典、迎、送、嫁、娶，富家多以八大碗宴请。满族八大碗在当时集中了扒、焖、酱、烧、炖、炒、蒸、熘等烹饪手法，常见的满族八大碗菜名为雪菜炒小豆腐、卤虾豆腐蛋、扒猪手、灼田鸡、小鸡榛蘑粉、年猪烩菜、御府椿鱼、阿玛尊肉。其中阿玛尊肉俗称努尔哈赤金肉，是清太祖努尔哈赤时代流传下来的。

↑ 满族八大碗

过去，满族八大碗的做法也有粗细之分，细八大碗指熘鱼片、烩虾仁、全家福、桂花鱼骨、烩滑鱼、川肉丝、川大丸子、松肉；粗八大碗指炒青虾仁、烩鸡丝、全炖蛋羹蟹黄、海参丸子、元宝肉、清汤鸡、拆烩鸡、家常烧鲤鱼。满族八大碗往往用于宴客之际，每桌八人，桌上八道菜，上菜时都用一色的大海碗，看起来爽快，吃起来又有浓郁的民族特色。

风味小吃

承德地方风味小吃用料上多就地取材，且制作精细，工艺考究，外观注重色、香、味、形；制作方法上注重蒸、煮、烙、烤、煎、抻、捏、片、拨、叠、盘。据统计，承德地方风味小吃达一百五十多种，地方风味糖果近六十种，还有地方风味饮品多种。畅销的有口袋饼、烧卖、蒸饺、锅贴、切糕、煎糕、凉糕、炸糕、糜子面豆包、马蹄烧饼、芝麻吊炉烧饼、缸炉烧饼、缸炉圈、油酥烧饼、鲜花玫瑰饼、驴打滚、豌豆糕、千层饼、碗坨、片粉、凉粉、荞面饸饹、拨面、抻面、杏仁茶、面茶、茶汤、豆汁、丸子、散淡麻花、蜜麻花、羊汤、老豆腐等。

口袋饼

在承德说起口袋饼，妇孺皆知。它是适应承德地理环境特点及经济发展需要而出现的一种方便食品。古代，塞北人烟稀少，交通不便，往返关内外的旅客，往往要携带大量的干粮作为长途旅行时的食物。清代，避暑山庄建立后，承德成为关内外交通枢纽和贸易中心，纷至沓来的各路客商、军政官吏和进贡驼队，都要在承德休整和补充食物，为适应商旅需要，口袋饼便应运而生。口袋饼状似口袋，袋内可装小菜，小菜可视需要调配，是一种饭菜合一、携带方便的食品，不仅为过往旅客所喜爱，承德当地人也经常食用它。它的主要用料除白面、植物油及葱、姜、味精、香油、醋等调味品外，还要备有绿豆芽和肉丝。制作的时候，把面团切成50克或100克一个的面剂，擀成长20厘米、宽10厘米、厚2厘米的饼；沿饼的周边刷水（宽约1厘米），其余地方涂满油，长向对折，沾牢周边。烧制时，将饼铛内刷油，将饼入铛内，以文火烙两面，熟后从中间横切为两个小袋。另起锅，加植物油烧热，用葱花、姜末烹锅后，投入肉丝、豆芽菜翻炒，点少许醋和其他调味料，淋上香油。饼出铛后，将菜放入“口袋”即成。

满巴烧卖

在承德街最早经营烧卖的是一位回民，叫满巴。满巴烧卖的“巴”字是回民对做生意有名望的师傅的尊称。烧卖是用精白面和新鲜羊肉制成。其工艺特殊：和面得用开水；面醭得上团粉或上好的白荞面；不用擀面杖擀皮，而使用木制的“走锤”（做烧卖的专用工具），只有这样，经过走锤一擀，才能出现烧卖上石榴花边的效果。手艺高的把皮擀得如白纸似的薄厚均等，包馅时将顶部捏成褶，有荷叶皮和麦穗皮。满巴的烧卖绝活首先是使用蒸熟的白荞面当捏褶的醭面，因此蒸熟后烧卖顶部像一簇银耳。其次是和馅时必须先用花椒、大料水放在新鲜的羊肉馅中搅；所用的大葱白得用香油煨了与肉馅一起搅。最后是包制时得特别精心，每道工序都马虎不得，现包现蒸才能不走味儿。

麒麟蒸饺

麒麟蒸饺以驴肉作馅，因麒麟身形似驴，故取名麒麟蒸饺。皮薄馅大，口感香美。关于麒麟蒸饺在承德还有段民间传说，说是当年康熙皇帝在承德街微服私访，来到一家面馆要了一盘蒸饺，吃着味道鲜美，可每个饺子都露出来一段韭菜，康熙不知是何意，就把堂倌找来问缘由。堂倌说："因为蒸饺普天下皆有，唯独我们的蒸饺是驴肉韭菜馅。我们在包饺子时，故意把韭菜馅露出来，以示货真价实，招徕食客。"康熙一听哈哈大笑说："你们应在门口拴一头驴，写上驴肉馅饺子，这岂不比那韭菜更吸引人。"后来，这家饭馆果真在门口拴一头驴，堂倌在门口吆喝："驴肉肥！"后来，人们给这家酒楼主人送了个绰号"驴肉肥"。从此，"驴肉肥"经营的驴肉蒸饺驰名塞外。新中国成立初期，在公私合营时，"驴肉肥"的酒楼停业。现在，随着承德旅游事业的发展，"驴肉肥"老字号又恢复并有新发展。麒麟蒸饺现在的制作方法是：将肉、香菇、火腿肉、韭菜剁成细末，随即将热锅加入猪油，将肉、菜末下锅略炒一下，加入少量料酒、精盐、鸡鸭上汤，炒后和温淀粉打芡，淋入香油和撒上少量胡椒粉拌成馅，包时中间捏紧，两头露少许馅。

马蹄烧饼

马蹄烧饼香咸利口，风味独特。马蹄烧饼始见于清代乾隆年间，因其形状似马蹄而得名。到了民国年间，承德制作马蹄烧饼的铺户不下几十家。据承德一位光绪年间出生的老人讲，当时来往于热河经商的蒙古族和汉族客商，常常买许多马蹄烧饼，用毛驴驮回去馈赠亲友，这样，经营马蹄烧饼的铺户便多了起来。如今，承德各饮食摊点均有马蹄烧饼出售。其制作方法是：将发酵好的面团擀成长方形片，再把香油、麻酱和盐一起搅拌均匀后，抹在面片上；

面片卷成卷，切成每个50克的剂子，封好切口，用手按成圆饼后，再逐个沿边使饼中心略低，背面似马蹄形。烘烤时，在烧饼的正面刷清水，沾上一层芝麻，然后入吊炉，烤三分钟后，用炊帚掸一次水，翻过来再烤另一面，待饼的内部熟软、色黄即成。吃时，夹上肉松或肉末。

切糕

切糕是承德黏食风味小吃品种之一。为啥叫切糕？因为把黏粮制成圆形大块蒸糕后放于案板上，用刀切块零售，故称“切糕”。《故都食物百咏》中形容切糕云：“燕市摊车卖切糕，白黄枣豆有低高，凉宜夏日冬宜热，一块一沾一切刀。”过去，承德街经营切糕的商人多数是回族人，各家都有辆独轮木推车，上有固定木板，放着热气腾腾的切糕坨子，并有洁白的布帘盖着，边上有秤和切刀，车把手处挂着小水桶，切切糕时需用清水涮刀，不然切下的糕

↓ 承德切糕

不整齐，切下的切糕还要用桲椤树叶子托着。切糕热吃撒上红糖、白糖，黏软适口，味道甜美，风味独特。承德切糕以“马家切糕”最为有名。

二仙居碗坨

二仙居碗坨的制作方法是将荞面一成，加上绿豆粉面半成，与适量的五香面、花椒面掺和在一起用温水洇湿，直到手抓能成团再兑水，搅到呈稀糊状为止；再将和好的面下锅，边熬边不停地搅动，开锅后兑温水继续搅拌，直到满锅小气泡形成一个大气泡，即可出锅；将熬好的荞面倒入盆里，点入少许猪血（有的不加），为使碗坨带有琉璃型石纹状，要将熬成的面糊分装在碗里晾凉后切成小块放入饼铛上煎透。吃时要在煎好的碗坨上浇芝麻酱、蒜汁、

↓ 二仙居碗坨

醋、盐水和香油等，用小竹叉子食用。承德街的碗坨制作与经营已有三百年的历史。因二仙居碗坨历史长，制作好，早年承德街还有句歇后语，叫作“二仙居碗坨——煎（奸）透了”。过去，二仙居一带碗坨做得最好的是人称“碗坨赵”和“碗坨姜”的两个商家。据说，清代乾隆皇帝巡幸热河，随行的后妃、宫女们从小太监处得知二仙居一带卖一种叫碗坨的食品非常好吃，便叫太监买来品尝。咸丰年间慈禧太后来承德时也叫太监到二仙居买碗坨拿进宫里吃。这样，碗坨的身价也随之提高了。

鲜花玫瑰饼

玫瑰花不仅是塞外的名花，而且是承德市的市花。每年五六月，正是玫瑰花盛开的时节，一团团、一簇簇，红的、紫的，五

↓ 鲜花玫瑰饼

彩缤纷，争奇斗艳，游人往往驻足观赏，流连忘返。清朝乾隆时期，承德有一位艺人张顺以制作鲜花玫瑰饼而成名，被人们誉为“玫瑰张”。据说，乾隆皇帝最喜欢吃鲜花玫瑰饼，曾专门派人把“玫瑰张”传到宫里，让他向御膳房的厨师们传授制作鲜花玫瑰饼的技术。此后，乾隆皇帝的膳单中常见这种点心。乾隆五十二年（1787）《驾幸热河哨鹿节次照常膳底档》载：“以后祭神点心用鲜花玫瑰饼，亦不必再奏。”鲜花玫瑰饼从此又成为祭神必备的供品。乾隆年间，承德街有十几家专门制作鲜花玫瑰饼的铺子，最有名的是铭远斋。其制作的鲜花玫瑰饼采用传统工艺，用料考究，做法精细，远近闻名。新中国成立后，鲜花玫瑰饼被列为承德传统食品，由承德市食品厂生产，1982年被评为“河北省优质产品”。现在，承德回民糕点厂所生产的鲜花玫瑰饼已成为馈赠亲友的佳品。

龙戏珠饭

龙戏珠饭是大豆、玉米混合成饭的一种吃法。承德一带素有玉米与大豆混食的习惯，无论是贴饽饽，还是冲茶汤，都把这两种粉掺在一起食用。龙戏珠饭在承德民间流传已久，进入饭馆则始于民国年间。当时，不仅普通百姓常吃这种既经济又实惠的饭，达官巨贾也常常光顾饭馆尝鲜，因此，龙戏珠饭得以在承德保留和发展至今。其制作方法是：将白玉米、大豆分别煮熟，虾仁用水发好；将熟玉米铺在笼屉底层，水发虾仁撒在中间，上层覆大豆，盖严锅盖不使漏气，文火焖一小时后揭开屉盖，用筷子将白玉米、大豆、虾仁搅拌均匀即成。

龙嘴大铜壶热茶汤

↑ 街头茶汤制作

茶汤是承德人喜食的一种传统食品。茶汤用料细致，要先将糜子米筛净，簸去糠皮，拣出沙砾，再加工成糜子面，以保证吃时不碜牙。冲茶汤时，碗中放上适量的糜子面，用温开水打底儿，一手搬动上百斤重、盛满水的龙嘴大铜壶，一手端着距壶嘴前方一米远的茶汤碗，用壶中滚开的水猛劲一浇，便成了稀稠均匀，色泽光亮的茶汤。在茶汤上面撒上红白糖、桂花、青红丝即可食用。茶汤喝到嘴里光滑细腻，香味醇厚。

平泉羊汤、烧饼

平泉羊汤原来叫“八沟羊杂汤”，后来随着平泉的名声大起来，平泉羊汤取代了“八沟羊杂汤”之名。平泉羊汤配以烧饼，确实是一道美味佳肴。羊汤以羊杂配以多种作料而成，选料精细，口感纯正，厨艺独特，味香而醇厚，汤脂肥而不腻，营养丰富，易于消化吸收，食用后回味无穷。平泉烧饼则以个大芝麻多、香软松脆而著称。平泉羊汤、烧饼据传康熙皇帝曾经食用，距今有三百余年的历史，至今不衰。现在平泉城里羊汤馆有三十多家，平泉羊汤已经成为平泉人待客不可缺少的一道美食。此外，平泉羊汤馆已经开进北京、天津、石家庄、廊坊、唐山等几十个大中城市，生意都非常红火。

后记

紫塞明珠——承德，一座有着辉煌历史和灿烂前景的城市。它承载过历史的风云，见证过大清帝国的兴衰，也见证了中华人民共和国从百废待兴到日渐繁盛。今天的承德，置身于环渤海、京津冀区域加速崛起的大势，已经进入加快发展的“黄金时期”。未来的承德，将与京津“同城化、一体化、差异化”发展，必将成为环渤海经济圈的一颗耀眼新星。2017年，《中国历史文化名城·河北承德》卷被列入“十三五”国家重点图书出版规划增补项目——《中国历史文化名城·名镇·名村丛书》。从此，一部书与一座城邂逅，一群人因圆梦一部书而并肩努力。

承德是一个有厚度与温度的城市，要想写出“紫塞明珠”的厚度与温度，并不是一件容易的事情。在不断检索资料、田野调查、整理资料的写作过程中，本书顾问中国民间文艺家协会顾问、河北省民间文艺家协会名誉主席郑一民，河北省民间文艺家协会原副主席、承德市民间文艺家协会原主席朱彦华对本书立意与编写提出了高屋建瓴的指导意见与中肯的建议。河北省民间文艺家协会主席杨荣国为此书统筹联络，承德市民间文艺家协会主席石俊凤、副主席兼秘书长马立国在承德民间工艺的梳理编写、图片搜集方面付出了辛苦的劳动，每一位参与此书的撰稿者都倾注了满腔的热情与心血。同时感谢承德市文物局副局长单洪斌、总工程师陈东，作为当地古建园林知名专家在相关领域细节予以指导。中国文联副主席、中国民间文艺家协会主席潘鲁生，中国民间文艺家协会分党组书记、驻会副主席邱运华，中国文联民间文艺艺术中心副主任刘德伟，知识产权出版社副总编辑王润贵，文史编辑室主任宋云为丛书的顺利出版积极谋求政策支持，丛书入围“十三五”国家重点图书出版规划增补项目也使其顺利出版有了政策保障，也进一步印证了此套丛书出版的意义与社会影响力，孙昕编辑、罗慧编辑为文稿修改，付出了很多时间与精力，在此表示衷心感谢！对所有为本书创作、出版提供支持与帮助的领导、老师和朋友们，发自内心地说声：“谢谢！”

初编此书时，正值数九隆冬，银装素裹的城市被寒冷包围，但是枝头积雪下也孕育着春天的暖意与希望，本书付梓印刷时已是硕果金秋，丹桂飘香。经冬复历春，为此书顺利面世的人们音书不断，彼此不仅增进了友谊，更增加了文字的深度与厚度。

这部书因城而厚重，也希望读过此书的人从而爱上这座古老而年轻的城。由于时间仓促，编著者学识水平有限，书中缺点错漏之处，敬请国内外专家学者和广大读者不吝指正。

编者

2022年9月28日

图书在版编目（CIP）数据

中国历史文化名城．河北承德／中国民间文艺家协会组织编写；潘鲁生，邱运华总主编．—北京：知识产权出版社，2022.11

（中国历史文化名城·名镇·名村丛书）

ISBN 978-7-5130-7981-5

Ⅰ.①中… Ⅱ.①中…②潘…③邱… Ⅲ.①承德—概况 Ⅳ.①K928.5

中国版本图书馆 CIP 数据核字（2022）第 187133 号

责任编辑： 宋 云 罗 慧　　**责任校对：** 谷 洋

装帧设计： 研美文化　　**责任印制：** 刘译文

中国历史文化名城·名镇·名村丛书

中国历史文化名城·河北承德

中国民间文艺家协会　组织编写

总 主 编　潘鲁生　邱运华

本卷主编　刘　贤

出版发行： 知识产权出版社有限责任公司　　**网　　址：** http：//www.ipph.cn

社　　址： 北京市海淀区气象路 50 号院　　**邮　　编：** 100081

责编电话： 010-82000860 转 8388　　**责编邮箱：** songyun@cnipr.com

发行电话： 010-82000860 转 8101/8102　　**发行传真：** 010-82000893/82005070/82000270

印　　刷： 天津市银博印刷集团有限公司　　**经　　销：** 新华书店、各大网上书店及相关专业书店

开　　本： 720mm × 1000mm　1/16　　**印　　张：** 15.25

版　　次： 2022 年 11 月第 1 版　　**印　　次：** 2022 年 11 月第 1 次印刷

字　　数： 177 千字　　**定　　价：** 80.00 元

ISBN 978-7-5130-7981-5